LANGENSCHEIDTS KURZLEHRBUCH

30 Stunden Portugiesisch
für Anfänger

Von

SILVIA BARBOSA

Neubearbeitung 1988

LANGENSCHEIDT

BERLIN · MÜNCHEN · WIEN · ZÜRICH · NEW YORK

Alle Lesetexte dieses Lehrbuches wurden auf einer Cassette aufge-
nommen, die gesondert im Buchhandel erhältlich ist.
(Best.-Nr. 83 127)

| Auflage: | 5. 4. 3. 2. 1. | Letzte Zahlen |
| Jahr: | 1992 91 90 89 88 | maßgeblich |

© 1988 by Langenscheidt KG, Berlin und München
Druck: Druckhaus Langenscheidt, Berlin-Schöneberg
Printed in Germany · ISBN 3–468–28271–0

Vorwort

Das vorliegende Buch „30 Stunden Portugiesisch für Anfänger" stellt eine in sich abgeschlossene Einführung in die portugiesische Sprache dar. Es soll dem Lernenden ermöglichen, rasch in die fremde Sprache einzudringen.

Den „30 Stunden" oder Lektionen ist eine Einführung in die Aussprache vorangestellt. Die Dialoge der ersten 5 Lektionen sowie alle in den ersten 5 Lektionen aufgeführten Vokabeln erscheinen in der Internationalen Lautschrift. Gleichzeitig steht eine Hör-Cassette mit der Aufnahme der Lektionstexte zur Verfügung, so daß Sie mit den Besonderheiten der portugiesischen Lautung auf instruktive und sichere Weise vertraut gemacht werden.

Die Texte im Eingangsteil **A** jeder Lektion geben einen Einblick in den sprachlichen Alltag und vermitteln das Rüstzeug, um die Situationen, auf die Sie als Tourist oder bei einem längeren Aufenthalt im Lande stoßen, sprachlich bewältigen zu können; alle Dialoge und Lektüreteile sind in einem natürlichen und spontanen Portugiesisch abgefaßt.

Bei der Auswahl der Themen und Situationen boten die Zertifikatsbestimmungen des Deutschen Volkshochschulverbandes, wie sie für verschiedene Sprachen entwickelt wurden, eine wertvolle Grundlage.

In jeder Lektion findet sich ein Grammatikteil **B**, in dem die sprachlichen Erscheinungen der Texte erklärt und durch Tabellen, Regeln und Anwendungsbeispiele veranschaulicht werden. Das hier Gelernte wird im Übungsteil **C** geprüft und gefestigt.

Weiter gehört ein ausführliches portugiesisch-deutsches Vokabelverzeichnis **D** zu jeder Lektion.

Die 29. und 30. Lektion des Buches enthalten auch eine Darstellung des brasilianischen Sprachgebrauchs. Besonderheiten wie auch Abweichungen in Aussprache und Rechtschreibung werden instruktiv erläutert. Der Anhang enthält ein ausführliches Sachregister, das sich insbesondere beim Nachschlagen grammatischer Einzelfragen als nützlich erweisen wird.

Langjährige Lehrerfahrung im Bereich des Portugiesischen als Fremdsprache hat die Autorin bei der Bearbeitung dieses Buches geleitet. Verfasser und Verlag hoffen, daß es sich auch in seiner neuen Gestaltung viele Freunde erwerben wird.

VERFASSER UND VERLAG

Inhaltsverzeichnis

A = *Text*, **B** = *grammatikalische Erläuterungen*, **C** = *Übungen*,
D = *Vokabeln*

6

Aussprache des Portugiesischen

Anmerkungen zur Erleichterung des Verständnisses von Aussprache und Lautschrift der Vokale und Konsonanten. Die Aussprachebezeichnung ist in der Lautschrift der Association Phonétique Internationale (API) wiedergegeben.

1. Die portugiesische Aussprache der Konsonanten **b, d, f, l** und **t** ergibt sich für den Deutschen von selbst.

2. Die Einstellung auf die richtige Aussprache der Schriftzeichen **ç, h, ch, lh, nh, j, rr, ss** und **v** bietet ebenfalls kaum Schwierigkeiten.

3. Die Schriftzeichen **c, g, m, n, p, qu, r, s, x, z** bereiten hingegen eine gewisse Schwierigkeit, weil sie unter verschiedenen Bedingungen verschieden ausgesprochen werden.
   Eine erleichternde Zusammenfassung kann man von den Bedingungen der Aussprache her vornehmen.

4. Zu jedem der fünf Vokale **i, u, e, o, a** existiert eine nasalierte Version (in der Lautschrift gekennzeichnet als [ĩ], [ũ], [ẽ], [õ], [ɐ̃]). Der nasalierte Vokal wird in jedem Fall geschlossen ausgesprochen. Die Vokale sind zu nasalieren, wenn sie eine Tilde ˜ (til) tragen oder wenn ihnen **-n** oder **-m** folgt, wobei **m** und **n** nicht ausgesprochen werden.

5. Generell ist zu beachten, daß die einzelnen Wörter eines Satzes derart miteinander verbunden werden, daß sich die Aussprache im An- oder Auslaut eines Wortes erheblich verändern kann.

6. **Betonung:** Die Mehrzahl der portugiesischen Wörter wird auf der vorletzten Silbe betont.

7. **Akzente:** Es gibt im Portugiesischen drei Akzente:
   acento agudo – acento grave – acento circunflexo
   a) Der **acento agudo** und der **acento grave** zeigen an, daß der betreffende Vokal **offen** auszusprechen ist.
   Der **acento circunflexo** zeigt an, daß der betreffende Vokal **geschlossen** auszusprechen ist.
   b) Der **acento agudo** und der **acento circunflexo** geben darüber hinaus noch an, daß die entsprechende Silbe zu **betonen** ist.
   c) Der **acento grave** wird bei der Verschmelzung der Präposition **a** mit einem anderen Element gesetzt: mit dem Artikel *a(s)* → *à(s)* und mit dem Demonstrativpronomen *aquele(s)*, *aquela(s)*, *aquilo* → *àquele(s)*, *àquela(s)*, *àquilo*.

Die Vokale

Vo-kal	Laut-schrift	Beispiele	Ausprache des Vokals		Bedingung
i	[i]	país cidade	[pɐˈiʃ] [siˈdadᵊ]	*Land* *Stadt*	
	[ᵊ] oder [i]	ministro	[mᵊˈniʃtru]	*Minister*	– oft in un-betonter Sil-be vor **i**
	[ĩ]	tinta fim nasal	[ˈtĩtɐ] [fĩ]	*Tinte* *Ende*	– **in** – **im**
u	[u]	cunhado quando guardar	[kuˈɲadu] [kuˈɐ̃du] [guɐrˈdar]	*Schwager* *wenn* *aufbewahren*	
	–	quem quinto português	[kɐj̃] [ˈkĩtu] [purtuˈgeʃ]	*wer* *der fünfte* *Portugiese*	– in der Kombina-tion mit **q-** oder mit **g-** vor **-e** oder **-i**
	[ũ]	fundo um nasal	[ˈfũdu] [ũ]	*tief* *eins*	– **un** – **um**
e	[e]	mês preto geschlossen	[ˈmeʃ] [ˈpretu]	*Monat* *schwarz*	– **ê** oder in betonter Silbe
	[ɛ]	é mulher director excepto offen	[ɛ] [muˈʎɛr] [dirɛˈtor] [ɐjʃˈsɛtu]	*es ist* *Frau* *Direktor* *außer*	– **é** – in betonter Silbe – generell vor **c** oder **p**
	[ᵊ]	tarde senhora telefonar lhe	[ˈtardᵊ] [sᵊˈɲorɐ] [tᵊlᵊfuˈnar] [ʎᵊ]	*spät* *Dame* *anrufen* *ihm*	– in unbe-tonter Silbe – in einsilbi-gen Wörtern

„stumm": verschmolzen mit Konsonant

Vo-kal	Laut-schrift	Beispiele	Aussprache des Vokals		Bedingung
	[i]	teatro evitar	[ti'atru] [ivi'tar]	*Theater* *vermeiden*	– vor Vokal – im Anlaut, – im Wort **e** = *und*
	[i] oder [ə]	esperar set**e** anos	[iʃpə'rar] ['sɛtə‿ɐnuʃ]	*warten* *sieben Jahre*	– im Anlaut vor **s** – im Auslaut, wenn ein Vokal folgt
	[i] oder [ɐj]	exposição excitação	[iʃpuzi'sɐ̃w̃] [iʃsitɐ'sɐ̃w̃]	*Ausstellung* *Aufregung*	– **ex-** vor Konsonant
	[ẽ]	ven**der** sempre nasal	[vẽ'der] ['sẽprə]	*verkaufen* *immer*	– **en** – **em**
o	[o]	av**ô** senhora m**o**ça geschlossen	[ɐ'vo] [sə'ɲorɐ] ['mosɐ]	*Großvater* *Dame* *Mädchen*	– **ô** – in betonter Silbe
	[ɔ]	av**ó** n**o**ve **o**ptimismo offen	[ɐ'vɔ] ['nɔvə] [ɔti'miʒmu]	*Großmutter* *neun* *Optimismus*	– **ó** – in betonter Silbe – generell vor **c** oder **p**
	[u]	fal**o** n**o**venta **o**	['falu] [nu'vẽtɐ] [u]	*ich spreche* *neunzig* *der*	– in unbeton- ter Silbe – in einsilbi- gen Wörtern
	[õ]	**on**de c**om**prar nasal	['õdə] [kõ'prar]	*wo* *kaufen*	– **on** – **om**
a	[ɐ]	pânico garrafa	['pɐniku] [gɐ'ʀafɐ]	*Panik* *Flasche*	– **â** – in unbeton- ter Silbe

Vo-kal	Laut-schrift	Beispiele	Aussprache des Vokals		Bedingung
a	[ɐ]	mas cama pano manha	[mɐʃ] ['kɐmɐ] ['pɐnu] ['mɐɲɐ]	*aber* *Bett* *Stoff* *List*	– in einsilbi- gen Wörtern – in betonter Silbe vor **m**, **n** und **nh** – als Aus- nahme auch
		geschlossener als [a]. „dumpf" – etwa wie das „a" im englischen „*about*"			in **cada** *jeder* und **para** *für*
	[a]	à simpático acto baptizado offen	[a] [sĩ'patiku] ['atu] [bati'zadu]	*zur* *nett* *Akt* *Taufe*	– **á** oder **à** – in betonter Silbe – generell vor **c** oder **p**
	[ẽ]	irmã cantar samba	[ir'mẽ] [kẽ'tar] ['sẽbɐ]	*Schwester* *singen* *Samba*	– **ã** – **an** – **am**

Die Diphthonge

ai	[aj]	mais	[majʃ]	*mehr*
ao	[aw]	ao	[aw]	*zum, ins*
au	[aw]	mau	[maw]	*böse*

ei	[ɐj]	cantei	[kẽ'tɐj]	*ich sang*
éi	[ɛj]	papéis	[pɐ'pɛjʃ]	*Papiere*
eu	[ew]	seu	[sew]	*sein, ihr*
éu	[ɛw]	céu	[sɛw]	*Himmel*

iu	[iw]	ouviu	[o'viw]	*er hörte*

oi	[oj]	foi	[foj]	*er ging*
ói	[ɔj]	espanhóis	[iʃpɐ'ɲɔjʃ]	*Spanier (Pl.)*

ui	[uj]	azuis	[ɐ'zujʃ]	*blau (Pl.)*

(nasalierte Diphthonge)				
ãe	[ɐj̃]	mãe	[mɐj̃]	*Mutter*
(em)		viagem, bem	[vi'aʒɐj̃] [bɐj̃]	*Reise, gut*
(en)		tens	[zɐj̃ʃ]	*du hast*

ão (am)	[ɐ̃w̃]	mão falam	[mɐ̃w̃] ['falɐw̃]	*Hand* *sie sprechen*
õe	[oj̃]	põe, eleições	[poj̃] [ilɐj'sojʃ]	*er stellt, Wahlen*
ui	[uj̃]	muito	['muj̃tu]	*sehr, viel* (**ui** wird nur in **muito** nasaliert)

Bemerkung:

Bei den portugiesischen Diphthongen ist unbedingt zu beachten, daß jeder der beiden im Diphthong enthaltenen Vokale **seine eigene Lautqualität voll behält.** Eine Aussprache des **eu** im portugiesischen Wort **Europa** [eu'rɔpɐ] wie im deutschen Wort *Europa* wäre daher falsch.

Die Konsonanten

Konsonant	Lautschrift	Beispiele	Aussprache		Bedingung
c	[s]	ccdo cidade	['sedu] [si'dadə]	*früh* *Stadt*	– vor **e** oder **i**
	[k]	com café declarar	[kõ] [kɐ'fɛ] [dəklɐ'rar]	*mit* *Kaffee* *behaupten*	*allgemein:* wenn nicht **e** oder **i** folgt.
ç	[s]	almoço acção	[al'mosu] [a'sɐw̃]	*Mittagessen* *Handlung*	
g	[ʒ]	engenheiro gigante	[ẽʒə'ɲɐjru] [ʒi'gɐ̃tə]	*Ingenieur* *Riese*	– vor **e** oder **i**
	[g]	grego digno	['gregu] ['dignu]	*Grieche* *würdig*	– vor **a, o** oder **u** – vor Konsonant
gu	[g]	guerra guisado	['gɛrɐ] [gi'zadu]	*Krieg* *Gulasch*	– vor **e** oder **i**
h		há hoje	[a] ['oʒə]	*es gibt* *heute*	in allen Fällen „stumm"
ch	[ʃ]	chegar	[ʃə'gar]	*ankommen*	
lh	[l]	olho	['oʎu]	*Auge*	

13

Konsonant	Lautschrift	Beispiele	Aussprache		Bedingung
nh	[ɲ]	vinho	[ˈviɲu]	*Wein*	
j	[ʒ]	já	[ʒa]	*schon*	
m	[m]	matemática	[mɐtəˈmatikɐ]	*Mathematik*	– im Wort- und Silbenanlaut
	(˜)	fim samba	[fĩ] [ˈsẽbẽ]	*Ende* *Samba*	-im, -om, -um -am, -em
n	[n]	dono	[ˈdonu]	*Besitzer*	– im Wort- und Silbenanlaut
	(˜)	cantar tinta juntos	[kẽˈtar] [ˈtĩtɐ] [ˈʒũtuʃ]	*singen* *Tinte* *zusammen*	-an, -en, -in, -on, -un
p	[p]	pêra	[ˈperɐ]	*Birne*	
		recepção baptizado excepto	[ʀəsɛˈsɐ̃w̃] [batiˈzadu] [iʃˈsɛtu]	*Rezeption* *Taufe* *außer*	– vor c, ç und p meist „stumm"
qu	[k]	querer quinto	[kəˈrer] [ˈkĩtu]	*wollen* *der fünfte*	– vor e und i
	[ku]	qual quando quatro	[kuˈal] [kuˈẽdu] [kuˈatru]	*welcher* *als* *vier*	– vor a oder o
rr	[ʀ]	carro	[ˈkaʀu]	*Auto*	– (immer)
r	[ʀ]	rua melro	[ˈʀuɐ] [ˈmɛlʀu]	*Straße* *Amsel*	– im Wortanlaut oder Silbenanlaut nach Konsonant
	[r]	terminar caro fraco	[tərmiˈnar] [ˈkaru] [ˈfraku]	*beenden* *teuer* *schwach*	– im Wort- oder Silbenauslaut

14

Kon-so-nant	Laut-schrift	Beispiele	Aussprache		Bedingung
r	[r]	trazer	[trɐˈzer]	*bringen*	– intervoka-lisch u. nach **c, f, g, p, t**
ss	[s]	regressar	[ʀəgrəˈsar]	*zurück-kommen*	– (immer)
s	[z]	casa os ameri-canos	[ˈkazɐ] [uz‿ɐməriˈkɐnuʃ]	*Haus die Amerika-ner*	– intervoka-lisch
	[s]	sol penso	[sɔl] [ˈpẽsu]	*Sonne ich denke*	– im Wort-anlaut – im Silben-anlaut nach Konsonant
	[ʃ]	ruas responder escrever estar as flores	[ˈʀuɐʃ] [ʀəʃpõˈder] [əʃkrəˈver] [əʃˈtar] [ɐʃ ˈflorəʃ]	*Straßen antworten schreiben sein die Blumen*	im Wort-auslaut vor einer Sprech-pause – im Wort- oder Silben-auslaut vor **k, f, p, t**
	[ʒ]	Lisboa desde bebes vinho	[liʒˈboɐ] [ˈdeʒdə] [ˈbɛbəʒ ˈviɲu]	*Lissabon seit du trinkst Wein*	– im Wort- oder Silben-auslaut vor stimmhaftem Konsonant
v	[v]	uvas	[ˈuvɐʃ]	*Trauben*	
x	[ʃ]	enxofre xadrez	[ẽˈʃofrə] [ʃɐˈdreʃ]	*Schwefel Schach*	– im Wort- oder Silben-anlaut
	[ʃ]	baixo experiência texto	[ˈbajʃu] [iʃpəriˈẽsiɐ] [ˈtɐjʃtu]	*niedrig Erfahrung Text*	– intervoka-lisch – **ex** vor stimmlosem Konsonant

Kon-so-nant	Laut-schrift	Beispiele	Aussprache		Bedingung
x	[z]	exame exemplo	[i'zɐmə] [i'zẽplu]	*Prüfung* *Beispiel*	– ex vor Vokal
	[s]	próximo máximo	['prɔsimu] ['masimu]	*nahe* *höchst*	– intervoka- lisch
	[ks]	fixo táxi	['fiksu] ['taksi]	*fest* *Taxi*	– intervoka- lisch
z	[z]	zangado fazer	[zɐ̃'gadu] [fɐ'zer]	*böse* *tun*	– im Wort- anlaut – intervoka- lisch
	[ʃ]	diz rapaz	[diʃ] [ʀɐ'paʃ]	*er sagt* *Junge*	wie bei s [ʃ]
	[ʒ]	rapaz brasileiro	[ʀɐ'paʒ brɐzi'lɐjru]	*brasiliani-* *scher Junge*	wie bei s [ʒ]

Das portugiesische Alphabet

a	b	c	d	e	f	g	h	i	j	l
[a]	[be]	[se]	[de]	[ɛ]	['ɛfə]	[ʒe]	[ɐ'ga]	[i]	['ʒɔtɐ]	['ɛlə]

m	n	o	p	q	r	s	t	u	v
['ɛmə]	['ɛnə]	[ɔ]	[pe]	[ke]	['ɛʀə]	['ɛsə]	[te]	[u]	[ve]

x	z
[ʃiʃ]	[ze]

Die Konsonanten k ['kapɐ], w [ve du'bradu] und y [i 'gregu] od. ['ipsilɔnə] kommen heute nur noch in Fremdwörtern vor.

1. Stunde

Diálogo   **1 A**
di'alugu
Dialog

Ingrid é alemã e estuda português em Lisboa.
'iŋgrit ɛ ɐlᵊmẽ i‿ʃ'tudɐ purtu'gez‿ẽi liʒ'boɐ
Ingrid ist Deutsche und lernt Portugiesisch in Lissabon.

Ela gosta da cidade e dos amigos.
'ɛlɐ 'gɔʃtɐ dɐ si'dad‿i duz‿ɐ'miguʃ
Ihr gefallen die Stadt und die Freunde.

Hoje ela entrevista o professor:
'oʒ‿'ɛlɐ ẽtrᵊ'viʃt‿ɔ prufᵊ'sor
Heute interviewt sie den Lehrer:

– Bom dia! Como é que o senhor está?
bõ 'diɐ 'komu‿ɛ ki u sᵊ'ɲor ᵊʃ'ta
Guten Morgen! Wie geht es Ihnen?

– Bem obrigado.
bɐĩ ubri'gadu
Danke, gut.

– Como é que o senhor se chama?
'komu‿ɛ ki u sᵊ'ɲor sᵊ 'ʃɐmɐ
Wie heißen Sie?

– Chamo-me António Pereira.
'ʃɐmu‿mᵊ ẽ'tɔniu pᵊ'rɐjra
Ich heiße António Pereira.

– Qual é a sua nacionalidade?
kwal‿ɛ ɐ 'suɐ nɐsiunɐli'dadᵊ
Welches ist Ihre Staatsangehörigkeit?

– Sou português, de Lisboa.
so purtu'geʃ dᵊ liʒ'boɐ
Ich bin Portugiese, aus Lissabon.

Lisboa é uma cidade muito bonita.
liʒ'boɐ ɛ 'umɐ si'dadᵊ 'muĩtu bu'nitɐ
Lissabon ist eine sehr hübsche Stadt.

– Onde é que o senhor trabalha?
ˈõdi ɛ ki u sᵊˈɲor trɐˈbaʎɐ
Wo arbeiten Sie?

– Trabalho na escola.
trɐˈbaʎu nɐ‿ˈʃkɔlɐ
Ich arbeite in der Schule.

– Qual é a sua profissão?
kwal‿ɛ ɐ ˈsuɐ prufiˈsɐ̃w̃
Was ist Ihr Beruf?

– Sou professor.
so prufᵊˈsor
Ich bin Lehrer.

– Onde é que o senhor mora?
õdi ɛ ki u sᵊˈɲor ˈmɔrɐ
Wo wohnen Sie?

– Moro na Rua Alexandre Herculano, em Lisboa.
ˈmɔru nɐ ˈʀua‿lᵊˈʃẽdr‿irkuˈlɐnu ɐ̃j̃ liʒˈboɐ
Ich wohne in der Alexandre-Herculano-Straße, in Lissabon.

– O senhor é solteiro?
u sᵊˈɲor ɛ solˈtɐjru
Sind Sie ledig?

– Não, sou casado. A minha mulher não trabalha.
nɐ̃w̃ so kɐˈzadu ɐ ˈmiɲɐ muˈʎɛr nɐ̃w̃ trɐˈbaʎɐ
Nein, ich bin verheiratet. Meine Frau arbeitet nicht.

Ela é dona de casa.
ɛl‿ɛ ˈdɔnɐ dᵊ ˈkazɐ
Sie ist Hausfrau.

– Obrigada, até amanhã.
ubriˈgadɐ ɐˈtɛ ɐmɐˈɲɐ̃
Danke, bis morgen.

1. Die Anrede

a) Die **2. Person Plural (vós)** wird kaum gebraucht; statt dessen gebraucht man die **3. Person Plural (vocês).**

b) Die **höfliche** Anrede im Singular wird mit der 3. Person Singular (**o senhor, a senhora**) und im Plural mit der 3. Person Plural (**os senhores, as senhoras**) gebildet.

c) Die Anrede mit dem **Nachnamen** wird nur für **Männer** verwendet; bei **Frauen** wird **Senhora Dona** dem **Vornamen** vorangestellt:

o senhor Santos   a senhora D. Margarida

d) Mit **Vornamen** sprechen sich in der 3. Person Singular gute Bekannte und Freunde an.

e) Titel werden nach senhor oder senhora eingefügt:

o senhor Professor   *der Herr Lehrer*
o senhor Doutor   *der Herr Doktor*

2. Der bestimmte Artikel

Im Portugiesischen gibt es zwei Artikel: männlich **o**, weiblich **a** und deren Mehrzahl **os** und **as**.

männlich		weiblich	
o amigo	*der Freund*	**a** casa	*das Haus*
os amigos	*die Freunde*	**as** casas	*die Häuser*

3. Das Substantiv

Die Substantive sind männlich oder weiblich. Die verschiedenen Fälle werden mit Präpositionen gebildet.

Männlich sind im allgemeinen Wörter auf **-o, -i, -im, -em, -om, -ume, -u, -éu, -oi, -ão** und **-r**:

o amigo	*der Freund*	o baú	*der Blechkoffer*
o javali	*das Wildschwein*	o céu	*der Himmel*
o jardim	*der Garten*	o boi	*der Ochse*
o homem	*der Mann*	o alemão	*der Deutsche*
o tom	*der Ton*	o lugar	*der Platz*
o lume	*das Feuer*		

19

Weiblich sind im allgemeinen Wörter auf **-a, -ice, -gem, -ã** und **-ade**:

a escola	*die Schule*	a alemã	*die Deutsche*
a vigarice	*der Betrug*	a cidade	*die Stadt*
a viagem	*die Reise*		

Ausnahme: o dia   *der Tag*

4. Präsens von *ser (sein)*

eu sou	*ich bin*	o senhor,	
tu és	*du bist*	a senhora é	*Sie sind*
ele, ela é	*er, sie ist*		*(Singular)*
nós somos	*wir sind*	os senhores,	
vocês são	*ihr seid*	as senhoras são	*Sie sind*
eles, elas são	*sie sind*		*(Plural)*

Bemerkung: Das Verb **ser** bezeichnet eine Eigenschaft, die sich in absehbarer Zeit nicht ändert, oder einen Dauerzustand:

sou alemão	*ich bin Deutscher*
és professor	*du bist Lehrer*
Lisboa é bonita	*Lissabon ist hübsch*

5. Präsens der regelmäßigen Verben auf *-ar* (1. Konjugation)

trabalhar	*arbeiten*
eu trabalho	*ich arbeite*
tu trabalhas	*du arbeitest*
ele, ela trabalha	*er, sie arbeitet*
nós trabalhamos	*wir arbeiten*
vocês trabalham	*ihr arbeitet*
eles, elas trabalham	*sie arbeiten*
o senhor, a senhora trabalha	*Sie arbeiten (Singular)*
os senhores, as senhoras trabalham	*Sie arbeiten (Plural)*

Bemerkung: In den meisten Fällen werden die Personalpronomen (eu, tu *usw.*) **nicht** verwendet.

Einige Verben auf -ar:

falar	*sprechen*	amar	*lieben*
estudar	*lernen*	gostar de	*mögen, gefallen*

Übungen 1C

1. Setzen Sie das Verb in Klammern in die richtige Form:

Ingrid (falar) alemão e (estudar) português em Lisboa. Ela (gostar) da cidade e dos amigos. Os amigos (falar) português. O professor (chamar)-se António Pereira. Ele e a mulher (morar) na Rua Alexandre Herculano. Ela não (trabalhar).

2. Setzen Sie die richtige Form des Verbs ser ein:

Qual . . . . . a sua profissão? Tu . . . . . português? Vocês . . . . . de Lisboa?
Os senhores . . . . . casados? Eles . . . . . professores. A senhora . . . . .
dona de casa? A cidade . . . . . bonita.

3. Setzen Sie das richtige Pronomen (eu, tu, ele usw.) ein:

. . . . . trabalho muito. . . . . . és alemão? Não, ... sou português.
. . . . . gostamos de Lisboa. . . . . . é dona de casa. . . . . . falam alemão?
. . . . . são professores?

4. Setzen Sie den richtigen Artikel ein:

. . . . . casa, ... nacionalidade, ... português, ... cidade, ... dia,
. . . . . escola, ... professor, ... mulher.

Vokabeln 1D

o diálogo [u di'alu-gu]	der Dialog
a alemã [a ɐlɘ'mẽ]	die Deutsche
e [i]	und
estudar [ɘʃtu'dar]	lernen
português [purtu-'geʃ]	portugiesisch
em [ɐj]	*hier:* in
Lisboa [liʒ'boɐ]	Lissabon
ela ['ɛlɐ]	sie
gostar de ['guʃtar dɘ]	mögen, gefallen
a cidade [ɐ si'dadɘ]	die Stadt
o(s) amigo(s) [u(z)_ɐ'migu(ʃ)]	der Freund (die Freunde)
hoje [ɔʒɘ]	heute
entrevistar [ẽtrɘwiʃ-'tar]	interviewen
o professor [u pru-fɘ'sor]	der Lehrer
o dia [u 'diɐ]	der Tag
bom dia [bõ 'diɐ]	Guten Morgen
como ['komu]	wie
o senhor [u sɘ'ɲor]	der Herr, Sie

21

como é que o senhor está? ['ko-mu ɛ ki u sə'ɲor ə∫'ta]	wie geht es Ihnen?
bem [bɐj̃]	gut
obrigado, -a [ubri-'gadu, -ɐ]	danke
chamar-se [ʃɐ'mar sə]	heißen
chamo-me ['ʃɐmu mə]	ich heiße
qual [kwal]	welche(r, -s); was für ein
a sua [ɐ 'suɐ]	Ihre, ihre
a nacionalidade [ɐ nɐsiunɐli'dadə]	die Staatsangehörigkeit
o português [u purtu'geʃ]	der Portugiese
de Lisboa [də liʒ'boɐ]	aus Lissabon
uma ['umɐ]	eine
muito ['mujtu]	sehr, viel
bonito, -a [bu'nitu, -ɐ]	hübsch

onde ['õdə]	wo
trabalhar [trɐbɐ-'ʎar]	arbeiten
na [nɐ]	in der
a escola [ɐ ə∫'kɔlɐ]	die Schule
a profissão [ɐ pru-fi'sɐ̃u]	der Beruf
morar [mu'rar]	wohnen
a rua [ɐ 'ruɐ]	die Straße
solteiro, -a [sol'tɐj-ru, -ɐ]	ledig
não [nɐ̃w̃]	nein, nicht
casado, -a [kɐ'za-du, -ɐ]	verheiratet
a minha [ɐ 'miɲɐ]	meine
a mulher [ɐ mu'ʎɛr]	die Ehefrau, die Frau
a dona de casa [ɐ 'donɐ də 'kazɐ]	die Hausfrau
até [ɐtɛ]	bis
até amanhã [ɐ'tɛ ɐmɐ'ɲɐ̃]	bis morgen

2. Stunde

O carro avariado   2 A
u 'kaʀu ɐvɐri'adu
Das kaputte Auto

Alice e Manuel moram numa casa grande, longe do centro.
ɐ'lis_i mɐnu'ɛl 'mɔrɐ̃ 'numɐ 'kazɐ grɐ̃də 'lõʒə du 'sẽtru
Alice und Manuel wohnen in einem großen Haus, weit vom Zentrum entfernt.

Por isso eles têm um carro.
pur 'isu 'elə∫ tẽj̃ ũ 'kaʀu
Deswegen haben sie ein Auto.

– Onde estão as chaves e os documentos do carro?
õd_ə∫'tɐ̃u ɐʃ 'ʃavə∫ i uʒ duku'mẽtuʒ du 'kaʀu
Wo sind die Schlüssel und die Papiere vom Wagen?

Preciso de ir ao escritório e estou com pressa.
prə'sisu d_ir 'ɐw_∫kri'tɔriu i_'∫to kõ 'prɛsɐ
Ich muß ins Büro fahren und habe es eilig.

– As chaves estão em cima da mesa, mas o carro está
ɐʃ ˈʃavᵊz_ᵊʃtɐw̃ ɐʃ ˈsimɐ dɐ ˈmezɐ mɐz_uˈkaʀu_ʃta
Die Schlüssel sind auf dem Tisch, aber der Wagen ist

na estação de serviço.
nɐ_ʃtɐˈsɐw̃ dᵊ sᵊrˈvisu
in der Werkstatt.

– Porquê?
purˈke
Warum?

– Porque está avariado. Os travões não funcionam bem.
ˈpurki_ˈʃta ɐvɐriˈadu uʃ trɐˈvojʃ nɐw̃ fũsiˈɔnɐw̃ bɐj̃
Weil er kaputt ist. Die Bremsen funktionieren nicht richtig.

– Porque é que tu não me disseste isso antes?
ˈpurki_ɛ ki tu nɐw̃ mᵊ diˈsɛʃt_ˈisu ˈɐ̃tᵊʃ
Warum hast du es mir nicht früher gesagt?

– Desculpa, mas esqueci-me.
dᵊʃˈkulpɐ mɐz_iʃkɛˈsi mᵊ
Entschuldige, aber ich habe es vergessen.

– E quando é que fica pronto?
i ˈkwẽdu ɛ ki ˈfikɐ ˈprõtu
Und wann ist er fertig?

– Não sei, amanhã ou depois de amanhã.
nɐw̃ sɐj ɐmɐˈɲɐ̃ o dᵊˈpojʃ d_ɐmɐˈɲɐ̃
Ich weiß es nicht, morgen oder übermorgen.

– Que pena! E como é que eu vou ao escritório?
ki ˈpenɐ i ˈkomu ɛ ki ew vo ˈɐw_ʃkriˈtɔriu
Wie schade! Und wie fahre ich ins Büro?

– Toma um táxi!
ˈtɔmɐ ũ ˈtaksi
Nimm ein Taxi!

– Está bem. Agora tenho mesmo que ir. Ah! Onde está o
sobretudo?
ᵊʃˈta bɐj̃ ɐˈgɔrɐ ˈtɐɲu ˈmeʒmu k_ir a õd_ᵊʃˈta u sobrᵊˈtudu
Einverstanden. Jetzt muß ich wirklich fahren. Wo ist der Mantel?

23

Lá fora está frio.
la ˈfɔrɐˌʃta ˈfriu
Draußen ist es kalt.

– O sobretudo está no armário.
u sobrᵊˈtuduˌʃta nu ɐrˈmariu
Der Mantel ist im Schrank.

– Também preciso de dinheiro. Onde está o porta-moedas?
tẽˈbɐɪ prᵊˈsizu dᵊ diˈɲɐɪru ˈõdᵊˌᵊʃˈta u ˈpɔrtɐˈmwɛdɐʃ
Ich brauche auch Geld. Wo ist der Geldbeutel?

– O porta-moedas está na gaveta, mas o dinheiro não está
u ˈpɔrtɐˈmwɛdɐzˌiʃˈta nɐ gɐˈwetɐ mɐzˌu diˈɲɐɪru nɐw̃ ᵊʃˈta
Der Geldbeutel ist in der Schublade, aber das Geld ist nicht

no porta-moedas.
nu ˈpɔrtɐˈmwɛdɐʃ
im Geldbeutel.

Erläuterungen   **2 B**

1. **Präsens von** *estar* (*sich befinden*)

eu estou	
tu estás	
ele, ela está	o senhor, a senhora está
nós estamos	os senhores, as senhoras estão
vocês estão	

Bemerkung: Das Verb **estar** bezeichnet einen **vorübergehenden** Zustand:

Os documentos estão na gaveta.	*Die Papiere sind in der Schublade.*
Alice está em Coimbra.	*Alice ist in Coimbra.*

Beachten Sie:

Paulo **está** doente.	*Paul ist (vorübergehend) krank.*
Paulo é doente.	*Paul ist ein kranker Mensch.*

2. Die Verben *precisar* **und** *gostar*

Sie treten mit der Präposition **de** auf. Das nachfolgende Verb bleibt im **Infinitiv**.

Alice precisa de dinheiro.   *Alice braucht Geld.*
Ela precisa de ir ao escritório.   *Sie muß ins Büro fahren.*

3. Präsens von *ter* *(haben)*

eu tenho	
tu tens	
ele, ela tem	o senhor, a senhora tem
nós temos	os senhores, as senhoras têm
vocês têm	

Eles têm um carro.   *Sie haben ein Auto.*
Nós temos amigos em Portugal.   *Wir haben Freunde in Portugal.*

Bemerkung: ter que + **Infinitiv** bedeutet *etwas tun müssen.*

Tenho mesmo que trabalhar.   *Ich muß wirklich arbeiten.*
Tens que ir ao banco, porque   *Du mußt zur Bank gehen, weil wir*
não temos dinheiro.   *kein Geld haben.*

4. Der unbestimmte Artikel

Im Portugiesischen kennt man zwei unbestimmte Artikel: **um** männlich, **uma** weiblich und deren Mehrzahl **uns** und **umas.**

um carro	—	uns carros
uma casa	—	umas casas

Bemerkung: uns und **umas** bedeuten *einige, ungefähr* und *etwa.*
Temos **uns** amigos em Portugal.   *Wir haben einige Freunde in Portugal.*

5. Die Zusammenziehung des bestimmten Artikels mit den Präpositionen *de, em* **und** *a*

de + o = **do**	em + o = **no**	a + o = **ao**
de + a = **da**	em + a = **na**	a + a = **à**
de + os = **dos**	em + os = **nos**	a + os = **aos**
de + as = **das**	em + as = **nas**	a + as = **às**

6. Die Verwendung der Präposition *em*

em wird bei Tätigkeiten, Verbleiben und Sichbefinden im begrenzten Raum verwendet.

Eles moram **numa** (em + uma) casa grande.	*Sie wohnen in einem großen Haus.*
Ele nasceu **em** 1952.	*Er ist 1952 geboren.*
Ele nada **no** rio.	*Er schwimmt im Fluß.*

7. Die Verneinung

Die Verneinung des Verbs wird im Portugiesischen durch **não** ausgedrückt, das **vor** dem Verb bzw. dem Hilfsverb steht.

– O senhor é casado?	*„Sind Sie verheiratet?"*
– Não, **não** sou.	*„Nein, ich bin es nicht."*

Übungen **2 C**

1. Setzen Sie die Verben in Klammern in die richtige Form:

Ele (morar) em Lisboa, mas hoje (estar) no Porto. O carro não (funcionar), por isso (estar) na estação de serviço. Amanhã ou depois de amanhã (estar) pronto.

2. Setzen Sie die Präposition em in der richtigen Form ein:

Ela trabalha . . . . . escritório. Eles estão . . . . . Coimbra. O porta-moedas está . . . . . gaveta. O sobretudo está . . . . . armário. As chaves estão . . . . . mesa. Eles moram . . . . . Barcelos. Ela estuda português . . . . . escola.

3. Setzen Sie de, do, da, dos oder das ein:

Eles moram longe . . . . . centro. Onde estão os documentos . . . . . carro? Ela é dona . . . . . casa. Eles gostam . . . . . cidade e . . . . . amigos. Sou . . . . . Lisboa. Precisamos . . . . . dinheiro.

4. Setzen Sie die richtige Form von ter ein:

Eles . . . . . amigos no Algarve. Nós não . . . . . uma casa grande. Ele . . . . . as chaves do carro. Eu . . . . . uma família grande. Vocês . . . . . que trabalhar? Sim, ... que trabalhar. Eles . . . . . que estudar português.

5. Setzen Sie den unbestimmten Artikel ein:

..... casa, ... escola, ... rua, ... armário, ... gaveta, ...
mesa, ...carro, ... documento

6. Antworten Sie nach folgendem Muster:

Beispiel: – Eles **têm** amigos?
– Não, **não têm** amigos.

Os travões funcionam? – O senhor fala alemão? – Estás com pressa? –
Lá fora está frio? – O dinheiro está no porta-moedas?

Vokabeln

o carro [u ˈkaʀu]	das Auto	**antes** [ˈɐ̃tᵊʃ]	früher, vorher
avariado, -a [ɐvɐriˈadu]	kaputt	**desculpar** [dᵊʃkulˈpar]	entschuldigen
numa [ˈnumɐ]	in einer	**esqueci-me** [iʃkɛˈsimᵊ]	ich habe es vergessen
a casa [ɐ ˈkazɐ]	das Haus	**quando** [ˈkwẽdu]	wann
grande [ˈgrẽdᵊ]	groß	**ficar pronto** [fiˈkar ˈprõtu]	fertig sein
longe [ˈlõʒᵊ]	weit	**sei** [sɐj]	ich weiß
o centro [u ˈsẽtru]	das Zentrum	**amanhã** [ɐmɐˈɲẽ]	morgen
por isso [purˌˈisu]	deswegen	**ou** [o]	oder
ter [ter]	haben	**depois de amanhã** [dᵊˈpojʒ dɐmɐˈɲẽ]	übermorgen
um [ũ]	ein	**que pena** [kᵊ ˈpenɐ]	wie schade
a chave [ɐ ˈʃavᵊ]	der Schlüssel	**vou** [vo]	hier: ich fahre
os documentos [uz dukuˈmẽtuʃ]	die Papiere	**o táxi** [u ˈtaksi]	das Taxi
precisar de [prᵊsiˈzar dᵊ]	brauchen, müssen	**tomar um táxi** [tuˈmar ũ ˈtaksi]	ein Taxi nehmen
ir [ir]	hier: fahren	**está bem** [ᵊʃˈta bɐj]	einverstanden
o escritório [uˌʃkriˈtɔriu]	das Büro	**agora** [ɐˈgɔrɐ]	jetzt
a pressa [ɐ ˈprɛsɐ]	die Eile	**mesmo** [ˈmeʒmu]	hier: wirklich
estar com pressa [ᵊʃˈtar kõˈprɛsɐ]	es eilig haben	**o sobretudo** [u sobrᵊˈtudu]	der Mantel
em cima de [ẽ ˈsimɐ dᵊ]	auf	**lá** [la]	dort
a mesa [ɐ ˈmezɐ]	der Tisch	**fora** [ˈfɔrɐ]	draußen
mas [mɐʃ]	aber	**o frio** [u ˈfriu]	die Kälte
a estação de serviço [ɐ ᵊʃtɐˈsẽu dᵊ sᵊrˈvisu]	die (Reparatur-) Werkstatt	**estar frio** [ᵊʃˈtar ˈfriu]	kalt sein
porquê [purˈke]	warum	**o armário** [u ɐrˈmariu]	der Schrank
porque [ˈpurkᵊ]	weil, da	**também** [tẽˈbɐj]	auch
os travões [uʃ trɐˈvojʃ]	die Bremsen	**o dinheiro** [u diˈɲɐjru]	das Geld
funcionar [fũsiuˈnar]	funktionieren	**o porta-moedas** [u ˈpɔrtɐˈmwedɐʃ]	der Geldbeutel
me [mᵊ]	mich, mir	**a gaveta** [ɐ gɐˈvetɐ]	die Schublade
disseste [diˈsɛʃtᵊ]	du hast gesagt	**a família** [ɐ fɐˈmiliɐ]	die Familie
isso [ˈisu]	das, dies		

3. Stunde

O passeio   3 A

u pɐˈsɐju

Der Spaziergang

Hans e Monika são alemães. Eles viajam por Portugal.

hans i ˈmonika sɐ̃w ɐlᵊˈmɐ̃jʃ ˈɛlᵊʃ viˈazɐ̃w pur Purtuˈgal

Hans und Monika sind Deutsche. Sie reisen durch Portugal.

Eles chegam a Lisboa de combóio e procuram um hotel.

ˈɛlᵊʃ ʃɐˈgɐw ɐ liʒˈboɐ dᵊ kõˈbɔiu i pruˈkurɐ̃w ũ ɔˈtɛl

Sie kommen mit dem Zug in Lissabon an und suchen ein Hotel.

Encontram um hotel confortável e barato, mas um pouco

ẽˈkõtrɐ̃w ũ ɔˈtɛl kũfurˈtavɛl i bɐˈratu mɐʃ ũ ˈpoku

Sie finden ein gemütliches und billiges Hotel, aber ein bißchen weit vom

longe do centro.

ˈlõʒᵊ du ˈsẽtru

Zentrum entfernt.

Deixam as malas no hotel e saem logo para ver a cidade.

ˈdɐjʃɐ̃w ɐʒ ˈmalɐʃ nu ɔˈtɛl i ˈsajẽj ˈlɔgu ˈpɐrɐ ver ɐ siˈdadᵊ

Sie lassen die Koffer im Hotel und gehen sofort weg, um die Stadt
anzusehen.

Na rua Hans pergunta a um senhor:

nɐ ˈʀuɐ hans pᵊrˈgũta‿ũ sᵊˈɲor

Auf der Straße fragt Hans einen Herrn:

— Boa tarde, queria ir para o centro.

  ˈboɐ ˈtardᵊ kᵊˈriɐ ir ˈpɐrɐ u ˈsẽtru

  Guten Tag, ich möchte ins Zentrum fahren.

Onde tomo o autocarro?

ˈõdᵊ ˈtɔm‿u awtuˈkaʀu

Wo nehme ich den Bus?

— É fácil. A paragem do autocarro é ali na esquina.

  ɛ ˈfasil ɐ pɐˈraʒɐj du awtuˈkaʀu ɛ ɐˈli nɐ ᵊʃˈkinɐ

  Es ist leicht. Die Bushaltestelle ist an der Ecke.

— Obrigado.

  ubriˈgadu

  Danke.

– De nada.
dᵊ ˈnadɐ
Nichts zu danken.

O autocarro passa por muitas ruas, praças e avenidas.
u ˈawtuˈkaʀu ˈpasɐ pur ˈmuĩtɐʒ ˈʀuɐʃ ˈprasɐz‿e ɐveˈnidɐʃ
Der Bus fährt durch viele Straßen, Plätze und Alleen.

Finalmente eles descem do autocarro no Rossio e
finalˈmẽt‿ɛlᵊʃ ˈdᵊʃɐj̃ du awtuˈkaʀu nu Ruˈsiu i
Endlich steigen sie aus dem Bus am Rossio aus

passeiam pelas ruas movimentadas.
pɐˈsɐjɐw̃ ˈpelɐʒ ˈʀuɐʃ muvimẽˈtadɐʃ
und gehen durch die belebten Straßen.

Monika está com sede e quer tomar um refresco.
ˈmonika ᵊʃˈta kõ ˈsed‿i kɛr tuˈmar ũ ʀᵊˈfreʃku
Monika hat Durst und will ein Erfrischungsgetränk zu sich nehmen.

De repente Hans lembra-se de que precisam de trocar dinheiro.
dᵊ ʀᵊˈpẽtᵊ hans ˈlẽbrɐsᵊ dᵊ kᵊ prᵊˈsizɐw̃ dᵊ ˈtrukar diˈɲɐjru
Plötzlich erinnert sich Hans, daß sie Geld wechseln müssen.

Monika pergunta a um senhor:
ˈmonika pᵊrˈgũtɐ‿ũ sᵊˈɲor
Monika fragt einen Herrn:

– Por favor, onde é que há um banco aqui perto?
pur fɐˈvor ˈõdi ɛ ki a ũ ˈbẽku ɐˈki ˈpɛrtu
Bitte, wo gibt es hier in der Nähe eine Bank?

– É simples. A senhora vai em frente, vira à direita e na
ɛ ˈsĩplᵊʃ ɐ sᵊˈɲorɐ vaj ẽj̃ ˈfrẽtᵊ ˈvir‿a diˈʀɐjtɐ i nɐ
Es ist einfach. Gehen Sie geradeaus, biegen Sie rechts ab, und in

primeira rua vira à esquerda.
priˈmɐjrɐ ˈʀuɐ ˈvir‿a iʃˈkerdɐ
der ersten Straße biegen Sie links ab.

– Obrigada.
ubriˈgɐdɐ
Danke.

Eles vão ao banco, mas ... que azar!

ɛlᵉʒ vɐw̃ ɐw ˈbɐ̃ku mɐʃ ... ki ɐˈzar

Sie gehen zur Bank, aber ... was für ein Pech!

É tarde demais. O banco já está fechado.

ɛ ˈtardᵉ dᵉˈmajʃ u ˈbɐ̃ku ʒa‿ʃta fᵉˈʃadu

Es ist zu spät. Die Bank ist schon geschlossen.

1. Begrüßung

Im Portugiesischen gibt es drei Formen der Begrüßung:

Bom dia!	*Guten Morgen! (bis Mittag)*
Boa tarde!	*Guten Tag! (vom Mittag an bis zum Einbruch der Dunkelheit)*
Boa noite!	*Guten Abend!, Gute Nacht! (vom Abend an)*

2. Dank

Wenn sich ein Mann bedankt, sagt er **obrigado,** eine Frau sagt **obrigada.**

3. Präsens von *ir (gehen, fahren, fliegen)*

vou	vamos
vais	
vai	vão

Ausdrücke mit dem Verb ir:

ir de carro	*mit dem Auto fahren*
ir de combóio	*mit dem Zug fahren*
ir de eléctrico	*mit der Straßenbahn fahren*
ir de táxi	*mit dem Taxi fahren*
ir de avião	*mit dem Flugzeug fliegen*
ir de metro	*mit der U-Bahn fahren*
ir a pé	*zu Fuß gehen*

4. Die Verwendung der Präposition *a*

– Richtung oder Ziel:	**ao** médico	*zum Arzt*
	à direita	*rechts*
	à Alemanha	*nach Deutschland*
– Zeitangaben:	**à** noite	*am Abend*
	ao almoço	*beim Mittagessen*
	aos sábados	*samstags*

Bemerkung:

Eu vou **ao** hospital. (*Ich gehe für kürzere Zeit ins Krankenhaus, um jemand zu besuchen oder etwas zu erledigen.*)
Eu vou **para o** hospital. (*Ich gehe ins Krankenhaus und bleibe längere Zeit dort.*)

5. Der Gebrauch der Präposition *de*

– vertritt den deutschen Genitiv:

o carro **do** médico	*das Auto des Arztes*
a casa **da** D. Marta	*das Haus von Frau Marta*

– Bestimmung:

o museu **de** arte	*das Kunstmuseum*
vou **de** avião	*ich fliege mit dem Flugzeug*
a paragem **do** autocarro	*die Bushaltestelle*

– Herkunft:

sou **de** Lisboa	*ich bin aus Lissabon*
sou **da** Alemanha	*ich bin aus Deutschland*

– Maß, Anzahl:

um litro **de** vinho	*ein Liter Wein*
um copo **de** água	*ein Glas Wasser*
uma dose **de** bacalhau	*eine Portion Stockfisch*

Bemerkung: Die im Deutschen **zusammengesetzten Substantive** werden im Portugiesischen durch **de** verbunden:

os livros **de** português	*die Portugiesischbücher*

6. Die unpersönliche Wendung *há*

há (*es gibt*) stammt von **haver** und wird unpersönlich gebraucht.

Aqui **há** um banco.	*Es gibt hier eine Bank.*

7. Das Adverb *já*

já in der Bedeutung *schon* steht **vor** dem Verb.

1. Bilden Sie Sätze nach folgendem Muster:

Beispiel: ele/ir/hospital

Ele **vai ao** hospital.

eu/ir/hotel; nós/ir/banco; João/ir/estação; eles/ir/cidade/hoje; vocês/ir/escola/amanhã; tu/ir/teatro/à noite; eu/ir/oficina/amanhã; o senhor/ir/museu/hoje

2. Setzen Sie die richtige Präposition ein (a oder de):

A paragem . . . . . autocarro é na esquina. Paula vai . . . . . eléctrico. Nós vamos . . . . . avião . . . . . Portugal. O senhor Caldeira é . . . . . Portugal. A casa . . . . . D. Teresa é na rua Vitória. Vou . . . . . banco, ... correio e depois . . . . . médico. O senhor tem que virar . . . . . esquerda. Um copo . . . . . água, por favor.

3. Setzen Sie die richtige Präposition ein (em, de oder a):

O carro . . . . . senhor Pereira está . . . . . estação de serviço, por isso ele vai . . . . . eléctrico . . . . . escritório. A paragem . . . . . autocarro é . . . . . esquina. . . . . . noite vai . . . . . concerto . . . . . táxi. O teatro é . . . . . rua Augusta.

Vokabeln **3 D**

o passeio [u pɐ'sɐ-ju]	der Spaziergang
alemães [ɐlɐ'mɐ̃jʃ]	Deutsche
viajar [viɐ'ʒar]	reisen
por [por]	hier: durch
chegar [ʃɐ'gar]	ankommen
o combóio [u kõ-'bɔju]	der Zug
procurar [pruku-'rar]	suchen
o hotel [u ɔ'tɛl]	das Hotel
encontrar [ẽkõ'trar]	finden, treffen
confortável [kõfur-'tavɛl]	bequem, gemütlich
barato, -a [bɐ'ratu, -ɐ]	billig
um pouco [ũ 'poku]	ein bißchen
deixar [dɐj'ʃar]	lassen, hinterlassen
a mala [ɐ 'malɐ]	der Koffer
saem [sajɐj]	sie gehen weg
logo ['lɔgu]	bald, sofort
ver [ver]	(an)sehen
perguntar a [pɐrgũ-'tar_ɐ]	fragen

boa tarde ['boɐ 'tardɐ]	Guten Tag
queria [k ɐ'riɐ]	ich, er, sie möchte
para ['pɐrɐ]	*hier:* in (Richtung)
tomar [tu'mar]	*hier:* nehmen
o autocarro [u awtu'kaʁu]	der Bus
fácil ['fasil]	leicht
a paragem [ɐ pɐ'ra-ʒɐj]	die Haltestelle
ali [ɐ'li]	dort
a esquina [ɐ ɐʃ'ki-nɐ]	die Ecke
de nada [dɐ 'nadɐ]	nichts zu danken
passar por [pɐ'sar pur]	hier: fahren durch, vorbeifahren
a praça [ɐ 'prasɐ]	der Platz
a avenida [ɐ ɐvɐ-'nidɐ]	die Allee
finalmente [final-'mẽtɐ]	endlich
descem ['dɐʃsɐj]	sie steigen aus
o Rossio [u ʁu'siu]	ein Platz in Lissabon

passear [pɐsiˈar]	(spazieren)gehen	
movimentado, -a	belebt	
[muvimẽˈtadu, -ɐ]		
a sede [ɐ ˈsedᵊ]	der Durst	
estar com sede	Durst haben	
[ᵊʃˈtar kõ ˈsedᵊ]		
quer [kɛr]	er, sie will	
o refresco [u ʀᵊˈfre-	das Erfrischungs-	
ʃku]	getränk	
de repente [dᵊ	plötzlich	
ʀᵊˈpẽtᵊ]		
lembrar-se de [lẽ-	sich erinnern an	
ˈbrar sᵊ dᵊ]		
trocar [truˈkar]	wechseln	
há [a]	hier: es gibt	
o banco [u ˈbẽku]	die Bank	
aqui [ɐˈki]	hier	
perto [ˈpɛrtu]	nahe, in der Nähe	
em frente [ẽj ˈfrẽtᵊ]	geradeaus	

simples [ˈsĩplᵊʃ]	einfach	
virar [viˈrar]	*hier:* abbiegen	
à direita [a diˈrɐjtɐ]	rechts	
primeiro, -a [pri-	erste(r, -s)	
ˈmɐjru, -a]		
à esquerda [a	links	
iʃˈkerdɐ]		
o azar [u ɐˈzar]	das Pech	
que azar [ki ɐˈzar]	was für ein Pech	
tarde [ˈtardᵊ]	spät	
tarde demais [ˈtar-	zu spät	
dᵊ dᵊˈmajʃ]		
já [ʒa]	schon, bereits;	
	gleich, sofort	
fechado, -a	geschlossen	
[fᵊˈʃadu, -ɐ]		
o concerto [u kõ-	das Konzert	
ˈsertu]		
o teatro [u tiˈatru]	das Theater	

4. Stunde

No restaurante   4 A
nu ʀᵊʃtawˈrẽtᵊ
Im Restaurant

Hoje o senhor Caldeira não trabalha. É feriado.
ɔʒ‿u sᵊˈɲor kalˈdɐjrɐ nɐw̃ trɐˈbaʎɐ ɛ fᵊˈriadu
Heute arbeitet Herr Caldeira nicht. Es ist Feiertag.

À noite ele e a mulher jantam num restaurante.
a ˈnojt‿ɛl‿i ɐ muˈʎɛr ˈʒẽtɐw̃ nũ ʀᵊʃtawˈrẽtᵊ
Am Abend essen er und seine Frau in einem Restaurant.

– Boa noite. Há uma mesa livre para duas pessoas?
ˈboɐ ˈnojtᵊ a ˈumɐ ˈmezɐ ˈlivrᵊ ˈpɐrɐ ˈduɐʃ pᵊˈsoɐʃ
Guten Abend. Gibt es einen freien Tisch für zwei Personen?

– Façam favor, ali perto da janela, diz o empregado.
ˈfasɐw̃ fɐˈvor ɐˈli ˈpɛrtu dɐ ʒɐˈnɛlɐ diʒ‿u ẽprᵊˈgadu
Bitte, dort in der Nähe des Fensters, sagt der Ober.

– A ementa, por favor.
ɐ iˈmẽtɐ pur fɐˈvor
Die Speisekarte, bitte.

Pouco depois o empregado aproxima-se:
ˈpoku dəˈpojʒ‿u ẽprəˈgadu ɐprɔˈsimɐ sə
Kurz darauf nähert sich der Ober:

– Os senhores já escolheram?
uʃ səˈɲoreʃ ʒa əˈʃkuˈʎɐrɐw̃
Haben Sie schon gewählt?

– Já. Queria uma salada mista, depois um bife com
ʒa kəˈria ˈumɐ sɐˈladɐ ˈmiʃtɐ dəˈpojʒ‿ũ ˈbifə kõ
Ja. Ich möchte einen gemischten Salat, danach ein Steak mit

legumes.
ləˈguməʃ
Gemüse.

– E o senhor?
i u səˈɲor
Und Sie?

– Para mim um caldo verde, depois uma dose de bacalhau
ˈpɐrɐ mĩ ũ ˈkaldu ˈverdə dəˈpojʒ‿umɐ ˈdɔzə də bɐkɐˈʎaw
Für mich eine Kohlsuppe, danach eine Portion gebackenen Stockfisch

assado com batatas.
ɐˈsadu kõ bɐˈtatɐʃ
mit Kartoffeln.

– E o que é que os senhores desejam para beber?
i u ki ɛ ki uʃ səˈɲoreʃ dəˈzɛʒɐw̃ ˈpɐrɐ bəˈber
Und was wünschen Sie zu trinken?

– Uma garrafa de água mineral e meio litro de vinho
ˈumɐ gɐˈʀafɐˈd‿agwɐ minəˈral i ˈmeju ˈlitru də ˈviɲu
branco.
ˈbrẽku
Eine Flasche Mineralwasser und einen halben Liter Weißwein.

Quando eles terminam o empregado retira os pratos e os
ˈkwẽdu ˈɛləʃ tərˈminɐw̃ u ẽprəˈgadu ʀəˈtirɐ uʃ ˈpratuʃ i uʃ
Als sie fertig sind, nimmt der Ober die Teller und das

talheres e pergunta:
tɐˈʎɛrəʃ i pərˈgũtɐ
Besteck weg und fragt:

– Os senhores desejam sobremesa?
uʃ sᵊˈɲoreʃ dᵊˈzɛʒɐ̃w̃ ˈsobrᵊˈmezɐ
Wünschen Sie Nachtisch?

– O que é que há?
u ki ɛ ki a
Was gibt es?

– Há pudim flan e fruta.
a puˈdĩ flɐ̃ i ˈfrutɐ
Es gibt Karamelpudding und Obst.

– Dois pudins flan. Depois dois cafés e a conta.
dojʃ puˈdĩʃ flɐ̃ dᵊˈpojʒ dojʃ kɐˈfez‿i ɐ ˈkõtɐ
Zwei Karamelpuddings. Danach zwei Kaffee und die Rechnung.

Quando terminam o senhor Caldeira paga a conta e deixa
ˈkwɐ̃du tᵊrˈminɐ̃w u sᵊˈɲor kalˈdɐjrɐ ˈpag‿a ˈkõtɐ i ˈdɐjʃɐ
Als sie fertig sind, bezahlt Herr Caldeira die Rechnung und läßt

uma boa gorjeta ao empregado.
ˈumɐ ˈboɐ gurˈʒet‿ˈaw ẽprᵊˈgadu
dem Ober ein schönes Trinkgeld.

Erläuterungen   **4 B**

1. Präsens der regelmäßigen Verben auf -er (2. Konjugation)

beber *trinken*	comer *essen*
bebo	como
bebes	comes
bebe	come
bebemos	comemos
bebem	comem

Bemerkung: Die meisten Verben auf **-er** mit **e** oder **o** als Stammvokal werden in der **2.** und **3. Person Singular** und in der **3. Person Plural** **offen** [ɛ] bzw. [ɔ] ausgesprochen. Die **1. Person Singular** und **Plural** werden **geschlossen** [e] bzw. [o] ausgesprochen.

Einige Verben auf -er:

escrever	*schreiben*
vender	*verkaufen*
conhecer	*kennen, kennenlernen*
receber	*bekommen*
viver	*leben, wohnen*

2. Die Zusammenziehung des unbestimmten Artikels mit den Präpositionen *em* und *de*

de + um	= **dum**	em + um	= **num**
de + uma	= **duma**	em + uma	= **numa**
de + uns	= **duns**	em + uns	= **nuns**
de + umas	= **dumas**	em + umas	= **numas**

Bemerkung: **duns** und **dumas** bedeutet *von einigen*; **nuns** und **numas** *in einigen*.

3. Zur Fragestellung

Im allgemeinen wird der Fragecharakter eines Satzes durch die Intonation ausgedrückt.

Há uma mesa livre?	*Gibt es einen freien Tisch?*
Os senhores já escolheram?	*Haben Sie schon gewählt?*

Bemerkung: Fängt der Satz mit einem Fragewort (**como, onde** *usw.*) an, tritt eine Inversion ein:

O que bebem os senhores?	*Was trinken Sie?*
Quando fica pronto o carro?	*Wann ist das Auto fertig?*

Kommt **é que** nach dem Fragewort, gilt die Inversion nicht mehr:

O que é que os senhores bebem?	*Was trinken Sie?*

4. *é que* **und** *querer*

Neben dem Fragewort wird oft **é que** hinzugefügt, um das Fragewort hervorzuheben.

Onde é que está o porta-moedas?	*Wo ist (denn) der Geldbeutel?*

querer bedeutet *wollen*. Die Imperfektform **queria** ist höflicher als die Präsensform.

Queria uma salada mista.	*Ich möchte einen gemischten Salat.*

1. Setzen Sie die richtige Verbform ein:

António . . . . . (comer) muito. Tomás e Chico . . . . . (beber) vinho branco. Eu . . . . . (escrever) muitas cartas. Pedro . . . . . (vender) jornais. Eles . . . . . (receber) o dinheiro amanhã. Nós . . . . . (conhecer) Portugal. Tu . . . . . (receber) cartas da Alemanha? Elas não . . . . . (comer) bacalhau. Eu não . . . . . (conhecer) o senhor Santos.

2. Setzen Sie num *oder* numa *ein:*

Eles moram . . . . . casa grande. Hoje nós jantamos . . . . . bom restaurante. O carro está . . . . . estação de serviço. Eu moro . . . . . hotel barato e confortável. Eles trocam o dinheiro . . . . . banco perto daqui. Eles vivem . . . . . cidade bonita.

3. Setzen Sie dum, duma, duns *oder* dumas *ein:*

Ela precisa . . . . . sobretudo. Elas recebem cartas . . . . . amigos portuguêses. O carro está longe . . . . . estação de serviço. Eles descem . . . . . taxi no Rossio. Nós precisamos . . . . . malas baratas.

Vokabeln **4 D**

o restaurante [u ʀᵊʃtawˈʀẽtᵊ]	das Restaurant
o feriado [u fᵊˈriadu]	der Feiertag
a noite [ɐ ˈnojtᵊ]	der Abend, die Nacht
jantar [ʒẽˈtar]	zu Abend essen
num [nũ]	in einem
boa noite [ˈboɐ ˈnojtᵊ]	Guten Abend, Gute Nacht
livre [ˈlivrᵊ]	frei
para [ˈpɐʀɐ]	*hier:* für
dois, duas [dojʃ, ˈduɐʃ]	zwei
a pessoa [ɐ pᵊˈsoɐ]	die Person
o favor [u fᵊˈvor]	der Gefallen
faça/façam favor [ˈfaʃɐ/ˈfaʃɐw̃ fᵊˈvor]	bitte
diz [diʃ]	er, sie sagt
a janela [ɐ ʒɐˈnɛlɐ]	das Fenster
o empregado [u ẽprᵊˈgadu]	*hier:* der Ober, der Kellner
a ementa [ɐ iˈmẽtɐ]	die Speisekarte
por favor [pur fᵊˈvor]	bitte
escolher [iʃkuˈʎer]	wählen
escolheram [iʃkuˈʎerɐw̃]	haben Sie gewählt
a salada [ɐ sᵊˈladɐ]	der Salat
misto, -a [ˈmiʃtu, -ɐ]	gemischt
depois [dᵊˈpojʃ]	danach
o bife [u ˈbifᵊ]	das Steak
o legume [u lᵊˈgumᵊ]	das Gemüse
para mim [ˈpɐʀɐ mĩ]	für mich
o caldo verde [u ˈkaldu ˈverdᵊ]	die Kohlsuppe
a dose [ɐ ˈdɔzᵊ]	die Portion
o bacalhau [u bɐkɐˈʎaw]	Stockfisch
assado, -a [ɐˈsadu, -ɐ]	gebacken
a batata [ɐ bᵊˈtatɐ]	die Kartoffel
o que [u kᵊ]	was
desejar [dᵊzᵊˈʒar]	wünschen

a garrafa [ɐ gɐˈʀa-fɐ]	die Flasche	**o(s) talher(es)** [u(ʃ) tɐˈʎɛr(ᵊʃ)]	das Besteck, die Bestecke
a água ([ɐ ˈagwɐ]	das Wasser	**a sobremesa** [ɐ ˈsobrᵊˈmesɐ]	der Nachtisch
a água mineral [ɐ ˈagwɐ minᵊˈral]	das Mineralwasser	**o pudim flan** [u puˈdĩ flẽ]	der Karamelpudding
o litro [u ˈlitru]	der Liter	**a fruta** [ɐ ˈfrutɐ]	das Obst
meio litro [ˈmeju ˈlitru]	halber Liter	**a conta** [ɐ ˈkõtɐ]	die Rechnung
o vinho [u ˈviɲu]	der Wein	**pagar** [pɐˈgar]	zahlen
branco [ˈbrẽku]	weiß	**a gorjeta** [ɐ gurˈʒetɐ]	das Trinkgeld
terminar [tᵊrmiˈnar]	beenden, fertig sein	**a carta** [ɐ ˈkartɐ]	der Brief
retirar [ʀᵊtiˈrar]	wegnehmen	**o jornal, os jornais** [u ʒurˈnal, uʒ ʒurˈnajʃ]	die Zeitung, die Zeitungen
o prato [u ˈpratu]	der Teller		

5. Stunde

No correio

nu kuˈʀeju
Im Postamt

Hans e Monika já conheceram muitos lugares interessan-
hans i ˈmonika ʒa kuɲᵊˈserɐw̃ ˈmũjtuʒ luˈgarᵊz‿ĩtᵊrᵊˈsẽtᵊz‿ɐj̃
Hans und Monika lernten schon viele interessante Plätze

tes em Portugal.
purtuˈgal
in Portugal kennen.

Eles escreveram cartas e postais à família e aos amigos e
ˈɛlᵊz‿iʃkrᵊˈverɐw̃ ˈkartɐz‿i puʃˈtajz‿a fɐˈmiliɐ i ˈɐuz‿ɐˈmiguʃ i
Sie schrieben Briefe und Postkarten an die Familie und die Freunde und

contaram as novidades.
kõˈtarɐw̃ ɐʃ nuviˈdadᵊʃ
erzählten die Neuigkeiten.

Ontem foram ao correio para comprar selos.
ˈõtɐj̃ ˈfɔrɐw̃ɐu kuˈʀeju ˈpɐrɐ kõˈprar ˈseluʃ
Gestern gingen sie zur Post, um Briefmarken zu kaufen.

Entraram no prédio, que estava muito cheio.
ẽ'trarɐw̃ nu 'prɛdiu ki‿'ʃtavɐ 'muʃtu 'ʃeiu
Sie gingen in das Postgebäude hinein, das sehr voll war.

Eles foram para o fim da bicha.
'elᵊʃ 'forɐw̃ 'pɐrɐ u fĩ dɐ 'biʃɐ
Sie stellten sich an das Ende der Schlange.

Finalmente chegou a vez deles:
final'mẽtᵊ ʃᵊ'go ɐ veʒ 'delᵊʃ
Endlich kamen sie dran:

— **Por favor, quanto custa uma carta de avião para a Alemanha?**
pur fɐ'vor 'kwẽtu 'kuʃtɐ 'umɐ 'kartɐ d‿ɐvi'ɐw̃ 'pɐr‿a ɐlᵊ'mɐɲẽ
Bitte, wieviel kostet ein Luftpostbrief nach Deutschland?

— **Uma carta custa quarenta e seis escudos e um postal**
'umɐ 'kɐrtɐ 'kuʃtɐ kwɐ'rẽt‿i sɐjz‿iʃ'kuduʃ i ũ puʃ'tal
Ein Brief kostet 46 Escudos und eine Postkarte

quarenta escudos.
kwɐ'rẽtɐz‿iʃ'kuduʃ
40 Escudos.

— **Queria dois selos de quarenta escudos e cinco de seis escudos.**
kᵊ'riɐ dojʃ 'seluʃ dᵊ kwɐ'rẽtɐz‿iʃ'kuduʃ i 'sĩku dᵊ sɐjz‿iʃ'kuduʃ
Ich möchte zwei Briefmarken zu 40 Escudos und fünf zu 6 Escudos.

Além disso queria mandar esta carta registada.
ɐ'lẽj 'disu kᵊ'riɐ mẽdar ɛʃ'tɐ 'kartɐ ʀᵊʒiʃ'tadɐ
Außerdem möchte ich diesen Brief als Einschreiben schicken.

— **São cento e sessenta e seis escudos.**
sɐw̃ 'sẽtu i sᵊ'sẽtɐ‿i sɐjz‿iʃ'kuduʃ
Das macht 166 Escudos.

— **Só tenho uma nota de um conto. Tem troco?**
sɔ 'tɐɲu 'umɐ 'notɐ dũ 'kõtu tɐj 'troku
Ich habe nur einen Tausendescudosschein. Können Sie herausgeben?

— **Tenho, sim.**
'tɐɲu sĩ
Ja, ich kann.

39

– Também posso mandar um telegrama daqui?
tẽ'bɐĵ 'pɔsu mẽ'dar ũ tᵊ¦ᵊ¦grɐmɐ dɐ'ki
Kann ich von hier auch ein Telegramm schicken?

– Daqui não. O senhor tem que ir ao guiché sete.
dɐ'ki nɐw̃ u sᵊ¦ɲor tɐĵ k‿ir 'ɐu gi'ʃɛ 'sɛtᵊ
Von hier nicht. Sie müssen zum Schalter sieben gehen.

– Mais uma coisa, por favor.
majz‿umɐ 'kojzɐ pur fɐ'vor
Noch etwas, bitte.

Onde é que é o guiché das encomendas?
'õdi ɛ ki ɛ u gi'ʃɛ dɐz‿ẽku'mẽdɐʃ
Wo ist der Paketschalter?

– Guiché seis.
gi'ʃɛ sɐjʃ
Schalter sechs.

– Obrigado.
ubri'gadu
Danke.

Eles foram ao guiché seis e despacharam uma encomenda
'ɛlᵊʃ 'forɐw̃ 'ɐu gi'ʃɛ sɐjz‿i dᵊʃpɐ'ʃarɐw̃ 'umɐ ẽku'mẽdɐ
Sie gingen zum Schalter sechs und schickten ein Paket

para a irmã de Monika que faz anos.
'pɐrɐ ɐ ir'mẽ dᵊ 'monika kᵊ faz‿'ɐnuʃ
an die Schwester von Monika, die Geburtstag hat.

Hans preencheu um formulário. Depois o empregado
hans priẽ'ʃew ũ furmu'lariu dᵊ¦pojz‿u ẽprᵊ¦gadu
Hans füllte eine Paketkarte aus. Danach wog der Beamte

pesou a encomenda numa balança.
pe'zo ɐ ẽku'mẽdɐ 'numɐ bɐ'lẽsɐ
das Paket auf einer Waage.

Hans pagou e recebeu um recibo: quatrocentos escudos.
Que caro!
hans pɐ'go i ʀᵊsᵊ¦bew ũ ʀᵊ¦sibu kwɐtru'sẽtuz‿iʃ'kuduʃ kᵊ 'karu
Hans bezahlte und bekam eine Quittung: 400 Escudos. Wie teuer!

1. Die Grundzahlen *(os números)*

0 zero	20 vinte	199 cento e noventa e
1 um, uma	21 vinte e um,	nove
2 dois, duas	uma	200 duzentos, -as
3 três	22 vinte e dois,	300 trezentos, -as
4 quatro	duas	400 quatrocentos, -as
5 cinco	. . . . . .	500 quinhentos, -as
6 seis	30 trinta	600 seiscentos, -as
7 sete	40 quarenta	700 setecentos, -as
8 oito	50 cinquenta	800 oitocentos, -as
9 nove	60 sessenta	900 novecentos, -as
10 dez	70 setenta	1 000 mil
11 onze	80 oitenta	2 000 dois mil
12 doze	90 noventa	. . . . . .
13 treze	100 cem	3 500 três mil e quinhen-
14 catorze	101 cento e um,	tos
15 quinze	uma	. . . . .
16 dezasseis	102 cento e dois,	1 000 000 um milhão
17 dezassete	duas	2 000 000 dois milhões
18 dezoito	. . . . .	3 000 000 três milhões
19 dezanove		4 000 000 quatro milhões

2. Bemerkung:

Die offizielle Währung in Portugal sind **escudo** und **centavo** (1
escudo = 100 centavos).
10 $ 50 dez escudos e cinquenta centavos
Daneben wird aber auch **conto** und **tostão** gebraucht. (1 conto =
1000 escudos und 1 tostão = 0,10 escudo)

3. Die Vergangenheit: *Pretérito Perfeito Simples* (PPS)

PPS der regelmäßigen Verben auf **-ar** und **-er**

trabalhar *arbeiten*	beber *trinken*
trabalhei	bebi
trabalhaste	bebeste
trabalhou	bebeu
trabalhámos	bebemos
trabalharam	beberam

Das **PPS** bezeichnet eine **in der Vergangenheit abgeschlossene** Handlung.

Ontem eles foram ao correio.   *Gestern gingen sie zur Post.*
Paulo nasceu em 1955.   *Paul ist 1955 geboren.*

Da das PPS nicht ganz dem deutschen Perfekt entspricht, sollte ein solcher Vergleich vermieden werden.

4. Ausdrücke mit *ter* *(haben)*

ter troco	*Klein-, Wechselgeld haben*
quantos anos tem?	*wie alt sind Sie?*
tenho trinta anos	*ich bin 30 Jahre alt*
ter tempo	*Zeit haben*

Übungen   **5 C**

1. Schreiben Sie die folgenden Zahlen aus:

2, 8, 16, 17, 56, 79, 131, 199, 400, 500, 600, 800, 913, 1050, 66

2. Setzen Sie den folgenden Text ins PPS:

Hoje eu não trabalho. Levanto-me mais tarde e tomo o pequeno almoço com calma. Depois escrevo duas cartas. Tomo o autocarro, desço no centro e compro selos no correio. Preciso também de despachar uma encomenda. Preencho um formulário e o empregado pesa a encomenda. Eu pago e recebo um recibo.

3. Bilden Sie die richtige Form des Verbs:

Ontem eles (comprar PPS) um carro. Eu (escrever Präsens) cartas aos amigos portugueses. Elas (tomar PPS) o autocarro na Praça do Comércio e (descer PPS) no Rossio. Pedro (comprar Präsens) selos no correio. Eu ontem (receber PPS) uma encomenda duma amiga. Rosa (estar Präsens) com sede, por isso (tomar Präsens) um refresco.

Vokabeln   **5 D**

o correio [u kuˈʀɛ-ju]	das Postamt	**interessante** [ĩtˀrˀ-ˈsẽtˀ]	interessant
conhecer [kuɲˀˈser]	kennen(lernen)	**o postal (os postais)** [u puʃˈtal (uʃ pu-ʃˈtaj)]	die Postkarte(n)
o(s) lugar(es) [uz luˈgarˀʃ]	der Platz (die Plätze)		

42

contar [kõ'tar]	*hier:* erzählen
a novidade [ɐ nuvi-'dadə]	die Neuigkeit
ontem [õ'tɐ̃j]	gestern
foram ['forɐ̃w̃]	*hier:* sie sind gegangen
comprar [kõ'prar]	kaufen
o selo [u 'selu]	die Briefmarke
entrar [ẽ'trar]	eintreten, betreten, hineingehen
o prédio [u 'prɛdiu]	das Gebäude
estava [əʃ'tavɐ]	war
cheio, -a [ˈʃeiu, -ɐ]	voll
a bicha [ɐ 'biʃɐ]	die Schlange
a vez [ɐ veʃ]	das Mal
chegar a vez [ʃə'gar ɐ veʃ]	dran sein, dran kommen
deles ['deləʃ]	*hier:* ihr
quanto ['kwẽtu]	wieviel
quanto custa ['kwẽtu 'kuʃtɐ]	wieviel kostet
para ['pɐrɐ]	*hier:* nach
além disso [ɐ'lɐ̃j 'disu]	außerdem
mandar [mɐ̃'dar]	*hier:* schicken
esta [ɛʃ'tɐ]	diese
a carta registada [ɐ 'kɐrtɐ ʀəʒiʃ'tadɐ]	der Einschreibbrief
só [sɔ]	nur, erst; allein, einzig
a nota [ɐ 'nɔtɐ]	*hier:* der Geldschein
um conto [ũ 'kõtu]	1000 Escudos
o troco [u 'troku]	das Kleingeld

ter troco [ter]	Kleingeld haben
posso ['pɔsu]	ich kann; ich darf
o telegrama [u tə'lə'grɐmɐ]	das Telegramm
o guiché [u gi'ʃɛ]	der Schalter
mais [majʃ]	mehr, am meisten; eher; noch
mais uma coisa [majz‿'umɐ 'kojzɐ]	noch etwas
a encomenda [ɐ ẽku'mẽdɐ]	das Paket
despachar [dɐʃpɐ-'ʃar]	abfertigen
a irmã [ɐ ir'mɐ̃]	die Schwester
faz anos [faz‿ɐnuʃ]	er, sie hat Geburtstag
preencher [priẽ'ʃer]	ausfüllen
o formulário [u furmu'lariu]	das Formular
o empregado [u ẽprɐ'gadu]	*hier:* der Postbeamte
pesar [p'sar]	wiegen
a balança [ɐ bɐ'lɐ̃sɐ]	die Waage
o recibo [u ʀə'sibu]	die Quittung
caro, -a ['karu, -ɐ]	*hier:* teuer
foi [foj]	er, sie ist gewesen
o pequeno almoço [u pɐ'kenu al'mosu]	das Frühstück
com calma [kõ 'kalmɐ]	in Ruhe

6. Stunde

Ao telefone 6 A

Hoje de manhã o carteiro pôs uma carta na caixa do correio da Sra. D. Margarida. Ela notou com agradável surpresa que era da sua amiga Isabel, que vai chegar amanhã do Brasil.

Ela consultou a lista telefónica, levantou o auscultador e marcou o número do aeroporto. A linha estava impedida e ela tentou novamente. Desta vez teve sorte. O avião que traz Isabel vai chegar pelo meio-dia. Depois telefonou a uma outra amiga:

– Está?

– A Sra. D. Filomena está?

– Aqui não mora nenhuma D. Filomena.

– Desculpe, foi engano.

Ela marcou novamente:

– Está lá?

– É de casa da Sra. D. Filomena?

– É sim. Quem fala?

– Daqui fala Margarida Bastos. Posso falar com a D. Filomena?

– Um momento, por favor.

. . .

– Olá, Margarida! Como estás?

– Bem, obrigada. Não queres ir amanhã ao aeroporto esperar pela Isabel, que chega do Brasil? De certeza que ela vai gostar!

– Claro! Com muito prazer! A que horas é que ela vai chegar?

– Pelo meio-dia, mas se estamos lá um pouco mais cedo é melhor. Vou a tua casa às 11.00 horas e depois vamos juntas. O que é que achas?

– Optimo! Então até amanhã.

– Adeus, até amanhã.

D. Margarida pousou o auscultador e foi cuidar dos preparativos para a chegada da amiga.

Erläuterungen   **6 B**

1. Die Uhrzeit *(as horas)*

Que horas são?	*Wie spät ist es?*
é uma hora	*es ist 1.00 Uhr*
são duas horas	*2.00*
são duas e cinco	*2.05*
são duas e dez	*2.10*
são duas e um quarto	*2.15*
são duas e vinte e cinco	*2.25*
são duas e meia	*2.30*
são três menos vinte e cinco	*2.35*

são três menos um quarto	*2.45*
são três menos cinco	*2.55*
é meio-dia	*12.00*
é meio-dia e meia	*12.30*
é meia-noite	*24.00*

Bemerkungen:

a que horas	*um wieviel Uhr*
a hora	*die Uhrzeit*
o horário	*der Stunden-, Fahrplan*
o relógio está adiantado	*die Uhr geht vor*
o relógio está atrasado	*die Uhr geht nach*
o relógio está certo	*die Uhr geht richtig*
o relógio está parado	*die Uhr steht*
o minuto	*die Minute*
o segundo	*die Sekunde*

2. Futur mit *ir*

Das Verb **ir** in Verbindung mit dem Infinitiv des Hauptverbs wird im Portugiesischen verwendet, um eine künftige Handlung auszudrücken.

A amiga **vai chegar** amanhã.	*Die Freundin wird morgen kommen.*
No próximo ano ela **vai comprar** uma casa.	*Nächstes Jahr wird sie ein Haus kaufen.*

Bemerkung:

Ela **vai** ao Porto esta semana.	*Sie wird diese Woche nach Porto fahren.*

Das Verb **ir** wird in diesem Fall nicht wiederholt.

3. Die unregelmäßigen Verben *trazer, querer, poder*

Präsens

trazer *bringen*	querer *wollen*	poder *können, dürfen*
trago	quero	posso
trazes	queres	podes
traz	quer	pode
trazemos	queremos	podemos
trazem	querem	podem

PPS

trazer	querer	poder
trouxe	quis	pude
trouxeste	quiseste	pudeste
trouxe	quis	pôde
trouxemos	quisemos	pudemos
trouxeram	quiseram	puderam

Posso falar com o João?	*Kann ich mit João sprechen?*
Nós **podemos** ir ao teatro amanhã.	*Wir können morgen ins Theater gehen.*
Queres ir ao aeroporto?	*Willst du zum Flughafen fahren?*
A que horas **quer** levantar-se?	*Um wieviel Uhr wollen Sie aufstehen?*
O que é que **queres** tomar ao pequeno-almoço?	*Was willst du zum Frühstück?*
Ele **trouxe** o livro para a lição.	*Er brachte das Buch zum Unterricht mit.*
Trouxeste as chaves?	*Hast du die Schlüssel mitgebracht?*

4. Die Possessivpronomen

Singular

o **meu** amigo	*mein Freund*
o **teu** amigo	*dein Freund*
o **seu** amigo	*sein, ihr Freund*
o **nosso** amigo	*unser Freund*
o **vosso** amigo	*euer Freund*
o **seu** amigo	*ihr, Ihr Freund*

a **minha** amiga	*meine Freundin*
a **tua** amiga	*deine Freundin*
a **sua** amiga	*seine, ihre Freundin*
a **nossa** amiga	*unsere Freundin*
a **vossa** amiga	*eure Freundin*
a **sua** amiga	*ihre, Ihre Freundin*

Plural

os **meus** amigos	*meine Freunde*
os **teus** amigos	*deine Freunde*
os **seus** amigos	*seine, ihre Freunde*
os **nossos** amigos	*unsere Freunde*
os **vossos** amigos	*eure Freunde*
os **seus** amigos	*ihre, Ihre Freunde*
as **minhas** amigas	*meine Freundinnen*
as **tuas** amigas	*deine Freundinnen*
as **suas** amigas	*seine, ihre Freundinnen*
as **nossas** amigas	*unsere Freundinnen*
as **vossas** amigas	*eure Freundinnen*
as **suas** amigas	*ihre, Ihre Freundinnen*

Bemerkungen:

a) Das Possessivpronomen stimmt in Geschlecht und Zahl mit dem Substantiv, auf das es sich bezieht, überein.

O **seu livro** está em cima da mesa.   *Sein Buch ist auf dem Tisch.*

b) Die Formen **seu, sua, seus** und **suas** werden oft durch **dele, dela, deles** und **delas** ersetzt, um Mehrdeutigkeit auszuschließen.

a amiga **dele**	*seine Freundin*
os amigos **dele**	*seine Freunde*
a amiga **dela**	*ihre Freundin*
as amigas **dela**	*ihre Freundinnen*
o amigo **deles**	*ihr Freund*
a amiga **delas**	*ihre Freundin*

João tem muitos amigos.	*João hat viele Freunde.*
Os amigos **dele** são simpáticos.	*Seine Freunde sind sympathisch.*

Übungen   **6 C**

1. Antworten Sie bitte:

– Que horas são?
10.30/12.00/12.15/1.00/11.45/10.40/24.00/18.35

2. Antworten Sie nach folgendem Muster:

Beispiel: – Este é **o seu** livro?
– Não, não é **o meu** livro.

Esta é a sua casa? Este é o vosso carro? – Esta é a sua mala? – Esta é a carta do Paulo? – Esta é a nossa chave? – Estes são os amigos da Maria?

3. Setzen Sie das Possessivpronomen ein:

Ontem Pedro trouxe os livros ..... para a escola. Nós também trouxemos os ..... livros. Maria tem muitos amigos. Os amigos ..... são simpáticos. Pedro, o ..... carro funciona? O Dr. Pereira tem uma casa; a casa ..... é muito grande. João e Rosa, o ..... relógio está adiantado. Tenho uma família; a ..... família mora no Porto. José tem uma amiga alemã; a amiga ..... vai chegar amanhã.

4. Setzen Sie querer, ter, poder in die richtige Form des Präsens:

Eu não ..... comprar um carro novo, porque não ..... dinheiro. Tu ..... ir à praia, mas não ..... porque ..... que trabalhar. Ele ..... que estudar português, porque ..... ir a Portugal. Ele ..... ir ao cinema, mas não ..... porque não ..... dinheiro. Eu não ..... ir ao cinema, porque ..... que estudar. Elas ..... telefonar, mas não ....., porque o telefone não funciona.

5. Setzen Sie querer oder poder in der richtigen Form der Vergangenheit (PPS) ein:

Isabel chegou tarde ao escritório, porque não ..... tomar o eléctrico. Você ..... falar com o professor ontem? Sim, eu ......

Vokabeln   6 D

o telefone	das Telefon	levantar	aufheben
ao telefone	am Telefon	o auscultador	der Hörer
o carteiro	der Briefträger	marcar	*hier:* wählen
pós	*hier:* hat eingeworfen	o aeroporto	der Flughafen
		a linha	*hier:* die Leitung
a caixa do correio	der Briefkasten	impedido, -a	besetzt
notar	feststellen, bemerken	tentar	versuchen
		novamente	wieder
agradável	angenehm	desta vez	diesmal
a surpresa	die Überraschung	a sorte	das Glück, Schicksal
a amiga	die Freundin		
consultar	*hier:* nachschlagen	ter sorte	Glück haben
a lista telefónica	das Telefonbuch	pelo meio-dia	gegen Mittag

telefonar	telefonieren, anrufen	a que horas	um wieviel Uhr
outro, -a	andere(r)	cedo	früh
o engano	der Irrtum, Betrug	mais cedo	früher
o momento	der Augenblick	junto, -a	zusammen
querer	wollen	achar	finden
esperar (por)	warten (auf), erwarten	o que é que achas?	was meinst du dazu?
		óptimo	großartig, toll
de certeza	gewiß, sicherlich	então	dann, da
claro	klar, selbstverständlich	pousar	hinlegen, hinstellen
		cuidar	sorgen
o prazer	das Vergnügen, der Genuß	os preparativos	die Vorbereitungen
		a chegada	die Ankunft
com muito prazer	sehr gern, mit Vergnügen	este	dieser
		esta	diese

7. Stunde

À procura de emprego 7 A

Alice trabalha como secretária numa firma de exportação e importação a tempo inteiro. Como ela pretende continuar os seus estudos da língua alemã, está à procura dum emprego só de tarde. Por isso lê todos os dias os anúncios. Hoje quando ela abriu o jornal, viu um anúncio interessante:

"NCR Empresa Industrial admite secretária para o período da tarde

Exigimos: – conhecimentos da língua alemã
                 – prática de dactilografia
                 – de preferência prática anterior

Oferecemos: – bom ambiente de trabalho
                 – boa remuneração
                 – seguros sociais

Dirigir resposta com curriculum detalhado à NCR, R. 5 de Outubro, 1244 1000 Lisboa."

Ela então escreveu uma carta à empresa:

Alice Pereira   Lisboa, 15 de Outubro de 1986
Av. São João de Deus, 54
1000 Lisboa

NCR Empresa Industrial
R. 5 de Outubro, 1244
1000 Lisboa

Prezados Senhores,
li o anúncio de Vs. Ex.^{cias} no "Diário de Notícias" do dia 14 de
Outubro e gostaria de candidatar-me ao lugar de secretária. Tenho 26 anos e trabalho há três anos numa firma de
importação e exportação. Aprendi alemão por quatro anos
e agora pretendo continuar o estudo desta língua.
    Por este motivo estou à procura dum emprego para o
período da tarde. Em anexo envio o meu curriculum vitae
detalhado.
    Aguardo com interesse uma resposta de Vs. Ex.^{cias}.

                     Respeitosamente
                     Alice Pereira

    Depois escreveu a direcção num envelope e foi ao
correio enviar a carta.
Alguns dias mais tarde recebeu a seguinte resposta:
NCR Empresa Industrial   Lisboa, 25 de Outubro de 1986
R. 5 de Outubro, 1244
1000 Lisboa

Exma Senhora
D. Alice Pereira
Av. São João de Deus, 54
1000 Lisboa

Prezada Sra. D. Alice,
agradecemos a sua carta e pedimos-lhe para nos telefonar
para marcar uma entrevista.

             Com os melhores cumprimentos
                Joaquim Carvalho
                  (Gerente)

    Alice telefonou à empresa e marcou uma entrevista para
a quarta-feira seguinte, dia 3 de Novembro.

1. Das Datum *(a data)*

Im Portugiesischen werden für das Datum die **Grundzahlen** verwendet.

15 de Novembro	*der 15. November*
no dia 15 de Novembro	*am 15. November*
a 15 de Novembro	*am 15. November*

Bemerkung:	em Maio	*im Mai*
	no mês de Maio	*im Monat Mai*
	em 1986	*(im Jahr) 1986*
	no ano de 1986	*im Jahr 1986*

2. Die Tage der Woche *(os dias da semana)*

domingo	*Sonntag*	quinta-feira	*Donnerstag*
segunda-feira	*Montag*	sexta-feira	*Freitag*
terça-feira	*Dienstag*	sábado	*Samstag*
quarta-feira	*Mittwoch*		

Bemerkung:

Às segundas-feiras estudo português.	*Montags lerne ich Portugiesisch.*
Aos sábados Pedro almoça num restaurante.	*Samstags ißt Pedro in einem Restaurant.*
Aos domingos ele não trabalha.	*Sonntags arbeitet er nicht.*

3. Die Monate *(os meses)*

Janeiro	*Januar*	Julho	*Juli*
Fevereiro	*Februar*	Agosto	*August*
Março	*März*	Setembro	*September*
Abril	*April*	Outubro	*Oktober*
Maio	*Mai*	Novembro	*November*
Junho	*Juni*	Dezembro	*Dezember*

4. Das Adjektiv

Im Portugiesischen stimmt das Adjektiv in **Geschlecht** und **Zahl** mit dem Substantiv überein. Normalerweise wird es **hinter das Substantiv** gestellt:

a língua alem**ã**	*die deutsche Sprache*
o curriculum vitae detalhad**o**	*der ausführliche Lebenslauf*

Adjektive auf **-e**, **-a**, **betontes -o** oder **Konsonant** (außer -ês, -ol, und -or) haben nur eine Form für beide Geschlechter.

o livro interessante	*das interessante Buch*
a resposta interessante	*die interessante Antwort*
a lição fácil	*die leichte Lektion*
uma casa simples	*ein einfaches Haus*

5. Bildung des Femininums

a) Das Femininum von Substantiven und Adjektiven, die auf **-o** enden, wird normalerweise gebildet, indem man das **-o** durch **-a** ersetzt:

männlich		*weiblich*	
brasileiro	*brasilianisch*	brasileira	
o amigo	*der Freund*	a amiga	*die Freundin*

Ausnahme:

Personenbezeichnungen, die auf **-ista** enden, bleiben unverändert:

o jornalista	*der Journalist*	a jornalista	*die Journalistin*
o turista	*der Tourist*	a turista	*die Touristin*

b) Substantiven und Adjektiven, die auf **-ês, -ol** oder **-or** enden, wird im Femininum meistens **-a** hinzugefügt:

o português	*der Portugiese*	a portuguesa	*die Portugiesin*
o senhor	*der Herr*	a senhora	*die Dame*

c) Die meisten Substantive und Adjektive auf **-ão** enden im Femininum auf **-ã**:

o alemão	*der Deutsche*	a alemã	*die Deutsche*
o irmão	*der Bruder*	a irmã	*die Schwester*

6. Präsens und PPS der regelmäßigen Verben auf *-ir* (3. Konjugation)

abrir	*öffnen*
Präsens	**PPS**
abro	abri
abres	abriste
abre	abriu
abrimos	abrimos
abrem	abriram

einige Verben auf **-ir**:

admitir	*zulassen*
exigir	*verlangen*
dirigir	*leiten, führen*
pedir	*bitten*
partir	*abreisen*
sair	*ausgehen*

Bemerkung: Bei Verben auf **-ir**, die **e** als **Stammvokal** haben, wird das **e** in der **1. Person Singular** durch **i** ersetzt:

preferir	*vorziehen*	eu prefîro
conseguir	*gelingen, erreichen*	eu consigo
seguir	*folgen*	eu sigo
vestir	*anziehen*	eu visto
servir	*dienen*	eu sirvo

7. Como

como bedeutet **wie, als, da** und **weil**:

Alice trabalha **como** secretária. *Alice arbeitet als Sekretärin.*

Como ela vai a Portugal nas férias, já reservou um quarto no hotel. *Weil sie in den Ferien nach Portugal fährt, hat sie ein Hotelzimmer reserviert.*

Übungen **7 C**

1. *Erzählen Sie in der Vergangenheit (PPS), was Alice letzte Woche gemacht hat. Verwenden Sie dabei folgende Ausdrücke:*

segunda-feira (ler um anúncio no jornal), terça-feira (responder ao anúncio), quarta-feira (marcar uma entrevista), quinta-feira (estudar alemão), sexta-feira (telefonar a amigos), sábado (almoçar com amigos), domingo (ir ao cinema).

2. *Schreiben Sie folgende Daten aus:*

Paulo nasceu em 25/03/82. Hoje é o dia 29/11/86. José parte para Portugal em 15/07. Nós chegámos no dia 10/05.

3. *Setzen Sie die entsprechende Form des Femininums ein:*

Klaus é alemão. Erika é . . . . . Joaquim é português. Rosa é . . . . . Os

amigos de Pedro moram em Coimbra. As . . . . . O nosso professor de
português é simpático. A . . . . . O meu irmão conhece o Algarve. A . . . . .
O livro é fácil. A lição . . . . . O meu carro é bonito. A minha casa . . . . .

4. Setzen Sie das Verb in Klammern jeweils in die richtige Form des Präsens:

Esta empresa (admitir) secretárias. O professor (exigir) silêncio dos
alunos. O combóio (partir) às 9.15 horas. Ela (sair) de casa ao meio-dia.
A empresa (preferir) secretárias com prática. Eu (servir) café às amigas.
Eu (vestir) o sobretudo porque está frio.

5. Setzen Sie die Sätze von Übung 4 in das PPS.

6. Setzen Sie das Adjektiv in Klammern jeweils in die richtige Form:

A empresa exige conhecimentos da língua (alemão). Alice escreveu uma
carta (detalhado). Ela leu um anúncio (interessante). Pedro estuda uma
lição (fácil). Este hotel é (barato) e (limpo).

Vokabeln

7 D

a procura	die Suche	anterior	vorgehend, vorig
à procura de	auf der Suche nach	bom, boa	gut
o emprego	*hier:* die Arbeits-	o ambiente	das Milieu, die At-
	stelle		mosphäre
a firma	die Firma	o trabalho	*hier:* die Arbeit
a exportação	der Export	a remuneração	das Gehalt
a importação	der Import	o seguro social	die Sozialversi-
a tempo inteiro	*hier:* der ganze Tag		cherung
pretender	vorhaben	dirigir	leiten, richten an
continuar	fortsetzen	a resposta	die Antwort, Be-
o estudo	das Studium, Ler-		antwortung
	nen	o curriculum vitae	der Lebenslauf
a língua	*hier:* die Sprache	detalhado, -a	genauer geschil-
ler	lesen		dert, ausführlich
todos os dias	jeden Tag	prezado, -a	geehrte(r)
o anúncio	die Anzeige	candidatar-se a	*hier:* sich bewerben
a empresa indu-	das Unternehmen,		um
strial	der Betrieb	há	*hier:* seit
admitir	zulassen, anneh-	aprender	lernen
	men	o motivo	der Grund, Anlaß
o período	der Zeitabschnitt	por este motivo	deshalb, darum
exigir	fordern, verlangen	em anexo	beiliegend
o conhecimento	die Kenntnis, Be-	enviar	senden, schicken
	kanntschaft	aguardar	(er)warten
a prática	die Praxis, Übung	o interesse	das Interesse
a dactilografia	das Maschinen-	respeitosamente	hochachtungsvoll
	schreiben	a direcção	die Anschrift
de preferência	am liebsten	o envelope	der Briefumschlag

algum, -a	irgendein, einige	**marcar**	*hier:* vereinbaren, ausmachen
receber	bekommen		
seguinte	folgend	**o cumprimento**	der Gruß
agradecer a	danken für, sich bedanken	**o silêncio**	die Stille, Ruhe
		o gerente	der Geschäftsführer
pedir a alguém	j-d um etwas bitten, verlangen	**limpo**	sauber

8. Stunde

Um passeio pela Alfama   8 A

Ontem a D. Margarida foi ao aeroporto buscar a sua amiga Isabel, que chegou do Brasil.

Como a viagem foi muito longa e cansativa, elas foram logo para casa. Lá conversaram sobre os amigos e parentes. À noite foram dormir cedo, pois Isabel estava cansada e com sono.

No dia seguinte acordaram bem cedo e D. Margarida quis mostrar a cidade à amiga, que ainda não conhecia Lisboa. Isabel pegou na máquina fotográfica e elas saíram.

Como boa turista, Isabel quis conhecer a Alfama. Este bairro, de origem árabe, é um dos mais antigos da cidade. Foi construido à volta do ponto mais alto das sete colinas. Pequenas escadas aqui e acolá ligam um labirinto de ruas estreitas e sinuosas, onde o sol quase não aparece, e as construções são das mais variadas. Mas é exatamente este labirinto e a animação dos seus moradores, que tanto encantam os visitantes.

A coroar a Alfama está o Castelo de São Jorge. Lá as duas amigas pararam para admirar a vista maravilhosa sobre o rio Tejo e os barcos que lá passavam. Isabel gostou muito da vista e tirou algumas fotografias. Depois andaram mais um pouco pelo bairro e foram em direcção à Praça de Comércio. Lá perto entraram numa pastelaria para comer bolos e pastéis e descansar depois de tanto turismo ...

1. PPS von *ser* und *ir*

fui	fomos
foste	
foi	foram

ser und **ir** bilden
im PPS **dieselbe Form**

A D. Margarida foi ao aeroporto.

*Frau Margarida ging zum Flug-
hafen.*

A viagem foi longa e cansativa.

*Die Reise war lang und anstren-
gend.*

Elas foram para casa.

Sie gingen nach Hause.

2. Pluralbildung der Substantive und Adjektive

a) Den meisten Substantiven und Adjektiven, die mit einem **Vokal**
enden, wird im Plural ein **-s** hinzugefügt:

a escada	as escadas	*die Treppe*
pequeno	pequenos	*klein*
antigo	antigos	*alt*

b) Die Substantive und Adjektive, die mit **-r**, **-s** und **-z** enden, bilden
den Plural durch Anhängen von **-es**:

morador	moradores	*wohnhaft*
o mês	os meses	*der Monat*
a voz	as vozes	*die Stimme*
Ausnahmen: o lápis	os lápis	*der Bleistift*
o pires	os pires	*die Untertasse*

c) Die Substantive und Adjektive, die mit **-em, -im, -om, -um** enden,
bilden den Plural mit **-ens, -ins, -ons, -uns**:

o homem	os homens	*der Mann*
o jardim	os jardins	*der Garten*
bom	bons	*gut*
comum	comuns	*gewöhnlich*

d) Die Substantive und Adjektive, die mit **-al, -el, -ol, -ul** enden,
bilden den Plural mit **-ais, -éis, -óis, -uis**:

o jornal	os jornais	*die Zeitung*
o pastel	os pastéis	*das Törtchen*
o lençol	os lençóis	*das Bettuch*
azul	azuis	*blau*

e) Die Substantive und Adjektive, die mit **unbetontem -il** enden, bilden den Plural mit **-eis**:

fácil	fáceis	*leicht*
difícil	difíceis	*schwierig*
útil	úteis	*nützlich*

f) Die Substantive und Adjektive, die mit **betontem -il** enden, bilden den Plural mit **-is**:

| o funil | os funis | *der Trichter* |

g) Die Substantive und Adjektive, die mit **-ão** enden, bilden den Plural mit **-ões, -ães, -ãos**:

a lição	as lições	*die Lektion*
o alemão	os alemães	*der Deutsche*
a mão	as mãos	*die Hand*

3. Die Steigerung des Adjektivs

Die regelmäßige Steigerung wird mit **mais** oder **menos** gebildet. Der absolute Superlativ wird mit **-íssimo** gebildet.

| Antónia é bonita. | *Antónia ist hübsch.* |

Komparativ:

Antónia é **mais bonita** do que Amália.	*Antónia ist hübscher als Amália.*
Amália é **menos bonita** do que Antónia.	*Amália ist weniger hübsch als Antónia.*
Antónia é **tão bonita** como Ofélia.	*Antónia ist ebenso hübsch wie Ofélia.*

Superlativ:

| Este bairro é **o mais antigo** da cidade. | *Dieses Viertel ist das älteste der Stadt.* |
| Esta aluna é **a menos estudiosa** da classe. | *Diese Schülerin ist die am wenigsten fleißige der Klasse.* |

absoluter Superlativ:

| Antónia é **muito inteligente**. | *Antónia ist sehr intelligent.* |
| Antónia é **inteligentíssima**. | *Antónia ist äußerst intelligent.* |

Die Steigerung mit **-íssimo** ist stärker als mit **muito**.

Einige unregelmäßige Formen des absoluten Superlativs:

antigo	– antiquíssimo	*alt; antik*
fácil	– facílimo	*leicht*
difícil	– dificílimo	*schwierig*
feliz	– felicíssimo	*glücklich*

4. Die unregelmäßigen Formen der Steigerung (ohne *mais*)

Positiv	Komparativ	Superlativ	absoluter Superlativ
bom, boa	melhor	o, a melhor	óptimo, -a
mau, má	pior	o, a pior	péssimo, -a
grande	maior	o, a maior	máximo, -a
pequeno, -a	menor	o, a menor	mínimo, -a

Bemerkung: Die regelmäßige Form **mais pequeno** ist ebenfalls gebräuchlich.

Estes bolos são **os melhores** da cidade.	*Diese Kuchen sind die besten der Stadt.*
Este médico é **melhor** do que aquele.	*Dieser Arzt ist besser als jener.*

5. *que* als Relativpronomen und Konjunktion

que bezieht sich als **Relativpronomen** auf Personen und Sachen und bleibt im Nominativ, Akkusativ, Singular oder Plural unverändert.

Este é o hotel **que** recomendo.	*Das ist das Hotel, das ich empfehle.*

Als **Konjunktion** bedeutet **que** *daß*.

Elas andaram tanto **que** se cansaram.	*Sie gingen so viel, daß sie müde wurden.*

Bemerkung: Im Portugiesischen wird im Gegensatz zum Deutschen das Verb im Nebensatz nicht nachgestellt.

6. *andar* und *ir*

Wenn bei *gehen*, *fahren* oder *fliegen* eine Richtung oder ein bestimmtes Ziel angegeben wird, benutzt man *ir*.

Ela **foi** ao teatro.	*Sie ging ins Theater.*
Eles **foram** de avião ao Brasil.	*Sie flogen nach Brasilien.*

Wenn aber die Richtung nicht angegeben wird, benutzt man **andar**.

Elas **andaram** pelo bairro.   *Sie gingen durch das Stadtviertel.*
Ele não gosta de **andar** de avião.   *Er fliegt nicht gern.*

Übungen   **8 C**

1. *Setzen Sie die Sätze in das PPS:*

Hoje ela vai ao aeroporto. Ontem ...... A viagem é longa. Ela é secretária nesta firma. Hoje à tarde elas vão à Praça: Ontem ...... Na próxima semana eles vão para o Brasil. Na semana passada ...... Hoje nós vamos ao cinema: Ontem ...... Nós somos professores.

2. *Setzen Sie die folgenden Sätze in den Plural:*

Ela lê o jornal. O turista gostou da cidade. O morador do bairro tem um jardim bonito. Ela come um pastel. A viagem é cansativa. A construção da cidade é antiga. A lição é fácil. O pintor é espanhol. Ele compra pão. O hotel é confortável. O avião parte às 11,00 horas.

3. *Setzen Sie das Adjektiv in Klammern in den Komparativ:*

Esta é a (boa) pastelaria daqui. Esta praça é grande, mas a outra é (grande). Este hotel é mau, mas o outro é (mau). Esta rua é (estreita) do que aquela.

4. *Setzen Sie andar oder ir ein:*

Eles ..... ao Porto amanhã. Elas ..... pelo parque e depois ..... à pastelaria. Nós gostamos de ..... de navio. Ele ..... sempre de carro ao escritório.

Vokabeln   **8 D**

pelo, -a	durch	**ir dormir**	schlafen gehen
buscar	suchen, holen, abholen	**cansado, -a**	müde
		o sono	der Schlaf
ir buscar	holen gehen, abholen	**estar com sono**	schläfrig sein
		no dia seguinte	am nächsten Tag
a viagem	die Reise, Fahrt	**acordar**	aufwachen, aufwecken
longo, -a	lang, weit		
cansativo, -a	anstrengend	**bem cedo**	sehr früh
sobre *(prp.)*	auf, über	**mostrar**	zeigen
conversar sobre	sich unterhalten über	**ainda**	noch
		ainda não	noch nicht
o parente	der Verwandte	**conhecia** *(imp.)*	kannte
dormir	schlafen	**pegar em**	*hier:* nehmen

a máquina fotográfica	der Fotoapparat
o, a turista	der, die Tourist(in)
o bairro	das Stadtviertel
a origem	der Ursprung, die Herkunft
árabe	arabisch
antigo, -a	*hier:* alt
ser construído	gebaut sein
à volta de	rings um
o ponto	der Punkt
alto, -a	hoch
a colina	der Hügel
pequeno, -a	klein
a escada	die Treppe, Leiter
aqui e acolá	hier und da
acolá	dort
ligar	verbinden
o labirinto	das Labyrinth
estreito, -a	eng, schmal
sinuoso, -a	schief, krumm
o sol	die Sonne
quase	fast, nahezu, beinahe
aparecer	erscheinen, auftreten
a construção	der Bau, das Gebäude
variado, -a	verschieden, abwechslungsreich
exactamente	genau, eben
coroar	krönen
o castelo	das Schloß, die Burg
parar	anhalten, stehenbleiben
admirar	bewundern
a vista	die Sicht, der Blick
maravilhoso, -a	wunderschön
o rio	der Fluß
o barco	das Boot
passavam *(imp.)*	sie fuhren vorbei
tirar fotografias	fotografieren
andar	gehen, laufen, fahren
a direcção	*hier:* die Richtung
ir em direcção a	die Richtung nehmen
a pastelaria	die Konditorei
o bolo	der Kuchen
o pastel	das Törtchen
descansar	sich ausruhen, sich erholen
tanto, -a	soviel, so sehr
o turismo	der Fremdenverkehr
a semana	die Woche
a semana passada	letzte Woche
velho, -a	alt

9. Stunde

Na livraria

Ingrid vive há quase um ano em Portugal e já fala bem português. O seu professor disse-lhe que ela já pode começar a ler uns livros em português. Por isso ela esteve ontem à tarde numa grande livraria do centro, para escolher alguns livros.

No rés-do-chão há uma papelaria, onde ela aproveitou para comprar canetas, lápis, uma borracha e papel de carta.

A livraria é no primeiro andar. Lá um vendedor atendeu-a:
– Muito boa tarde!
– Boa tarde. Queria escolher alguns livros em português, mas não muito difíceis. Já aprendo português há 10 meses, mas ainda não percebo tudo. Pode indicar-me alguns livros?
– A senhora deseja livros de literatura ou sobre a história e a cultura de Portugal?
– Queria um livro sobre a história de Portugal, se possível com ilustrações. Preciso também dum bom dicionário.
– Recomendo-lhe a leitura deste volume, que recebeu críticas óptimas. Além disso podemos mandar-lhe regularmente o nosso jornal, se me deixar a sua direcção.
– É uma boa idéia! Assim fico a par das últimas publicações. Posso pagar com cheque? Nunca trago tanto dinheiro comigo.
– Lamento, mas a casa não aceita estes cheques. Há um banco ali mesmo na esquina. Se a senhora não se importa ...
– Não faz mal. Volto já.

Erläuterungen   **9 B**

1. Die Personalpronomen

Die Personalpronomen können **Subjekt** oder **Objekt** eines Satzes sein:

Subjekt: **Ela** esteve ontem na livraria.
Sie war gestern in der Buchhandlung.

Als Subjekt (Nominativ) werden sie nur zur Hervorhebung oder zur Vermeidung von Unklarheiten benutzt.

Objekt: Um vendedor atendeu-**a**.
Ein Verkäufer bediente sie.

Vom Verb hängt es ab, ob man ein direktes oder indirektes Objekt benutzt. Im Hauptsatz werden die Objektpronomen meistens dem Verb nachgestellt, wobei zwischen Verb und Pronomen ein Bindestrich steht.

Subjekt (Nominativ)	direktes Objekt (Akkusativ)	indirektes Objekt (Dativ)
eu	me	me
tu	te	te
ele	o	lhe
ela	a	lhe
nós	nos	nos
vocês	os, as	vos
eles	os	lhes
elas	as	lhes

Ele visitou-**me**.	*Er besuchte mich.*
Ele visitou-**te**.	*Er besuchte dich.*
Eu visitei-**o**.	*Ich besuchte ihn.*
Eu visitei-**a**.	*Ich besuchte sie.*
Ele visitou-**nos**.	*Er besuchte uns.*
Ele visitou-**os**.	*Er besuchte sie. (Mask.)*
Ele visitou-**as**.	*Er besuchte sie. (Fem.)*

Ele mostrou-**me** a cidade.	*Er zeigte mir die Stadt.*
Ele mostrou-**te** a cidade.	*Er zeigte dir die Stadt.*
Eu mostrei-**lhe** a cidade.	*Ich zeigte ihm (ihr) die Stadt.*
Ele mostrou-**nos** a cidade.	*Er zeigte uns die Stadt.*
Ele mostrou-**lhes** a cidade.	*Er zeigte ihnen die Stadt.*

Bemerkung: Als höfliche Anrede wird die 3. Person Singular bzw. Plural (wie beim Subjekt) benutzt:

Posso recomendar-**lhe** este hotel.	*Ich kann Ihnen dieses Hotel empfehlen.*
Isabel visitou-**a** ontem?	*Besuchte Isabel Sie gestern?*

2. Die Stellung der Personalpronomen

Unter besonderen Bedingungen steht das Personalpronomen **vor** dem Verb. In diesem Fall steht kein Bindestrich zwischen Pronomen und Verb.

Das Pronomen wird vorangestellt, wenn

a) ihm ein **verneinendes Wort** vorangeht:

Ele **não** me recomenda o hotel.	*Er empfiehlt mir dieses Hotel nicht.*
Ninguém me visitou ontem.	*Niemand besuchte mich gestern.*

b) ihm ein **unbestimmtes Pronomen** vorangeht:

Alguém me deixou um recado? *Hinterließ jemand eine Nachricht für mich?*

c) ihm ein **Fragewort** vorangeht:

Quando me telefonou? *Wann haben Sie mich angerufen?*

d) ihm eine **Präposition** (außer **a**) vorangeht:

Ele pediu-me **para** lhe mandar o livro. *Er bat mich, ihm das Buch zu schicken.*

e) es **im Nebensatz** steht:

Perguntou-me se o vou visitar hoje. *Er fragte mich, ob ich ihn heute besuche.*

f) ihm **até** *(sogar)*, **já** *(schon)*, **ainda** *(noch)*, **também** *(auch)*, **talvez** *(vielleicht)*, **quase** *(fast)* vorausgeht:

Já lhe telefonaste? *Hast du ihn schon angerufen?*

3. Das unbestimmte Pronomen

Die unbestimmten Pronomen können mit einem Substantiv oder allein verwendet werden.

unveränderte Formen:	
alguém	*jemand*
ninguém	*niemand*
tudo	*alles*
nada	*nichts*
cada	*jede(r, -s)*
alguma coisa	*etwas*

veränderte Formen:		
männlich	*weiblich*	
algum, alguns	alguma(s)	*irgendein(e)*
nenhum	nenhuma	*keine(r, -s)*
outro(s)	outra(s)	*andere(r, -s)*
todo(s)	toda(s)	*ganz, all(e)*
pouco(s)	pouca(s)	*wenig*
muito(s)	muita(s)	*viel*

Queria escolher **alguns** livros.   *Ich möchte einige Bücher aussu-*
chen.

Alguém aqui fala alemão?   *Spricht hier jemand Deutsch?*
Queria escolher **outro** vinho.   *Ich möchte einen anderen Wein*
wählen.

Bemerkung: Wenn **nada, ninguém** und **nenhum Objekt** sind, wird
não ergänzt, und es entsteht eine doppelte Negation. In diesem Fall
steht das Pronomen **nach** dem Verb.

Não conheço ninguém aqui.   *Ich kenne niemanden hier.*
Não tenho dinheiro nenhum.   *Ich habe kein Geld.*

Wenn aber **nada, ninguém** und **nenhum Subjekt** sind, wird nur
einmal verneint. In diesem Fall steht das Pronomen **vor** dem Verb.

Ninguém gosta deste vinho.   *Niemand mag den Wein.*

(*zu den Formen* tudo, todo *s. 14. Stunde*)

4. Die unregelmäßigen Verben *dizer (sagen)* und *ler (lesen)*

Präsens		PPS	
dizer	ler	dizer	ler
digo	leio	disse	li
dizes	lês	disseste	leste
diz	lê	disse	leu
dizemos	lemos	dissemos	lemos
dizem	lêem	disseram	leram

Ela lê o jornal todos os dias.   *Sie liest jeden Tag die Zeitung.*
Ele disse-me que Maria está   *Er sagte mir, daß Maria krank*
doente.   *sei.*

5. PPS von *ter* und *estar*

ter	estar
tive	estive
tiveste	estiveste
teve	esteve
tivemos	estivemos
tiveram	estiveram

Na semana passada tive que
ir ao dentista.

Letzte Woche mußte ich zum
Zahnarzt gehen.

6. Bemerkung zu *começar a* *(anfangen, beginnen)*

começar tritt in Verbindung mit **a** auf. Das nachfolgende Verb steht im **Infinitiv**.

Ela **começou a trabalhar** ontem.   *Sie fing gestern zu arbeiten an.*

7. Das Wort *muito* *(viel, sehr)*

muito wird veränderlich und unveränderlich gebraucht. Es ist **veränderlich**, wenn es als **Adjektiv** fungiert.

Queria um livro com **muitas ilustrações**.	*Ich möchte ein Buch mit vielen Abbildungen.*
Ele tomou **muita cerveja**.	*Er hat viel Bier getrunken.*

Es ist **unveränderlich** mit **Adjektiven**, **Adverbien** und **Verben**.

Ela chega sempre **muito tarde**.	*Sie kommt immer sehr spät.*
Estão **muito cansados**.	*Sie sind sehr müde.*

Übungen **9 C**

1. Beantworten Sie die Fragen nach folgendem Muster:

Beispiel: Ele escreveu uma carta **aos pais**?
Sim, escreveu-**lhes**.

Ele escreveu uma carta aos amigos? O vendedor mostrou o livro à senhora? Ontem Pedro telefonou ao amigo? Ele recomendou um bom hotel ao amigo? Ele trouxe um doce para os meninos?

2. Setzen Sie die richtige Form des Pronomens ein:

Beispiel: Paulo telefonou . . . . . ontem (**eu**).
Paulo telefonou-**me** ontem.

João escreveu . . . . . uma carta longa (eu). Ela convidou . . . . . para o jantar (tu)? Ele comprou . . . . . (o jornal). Ela mostrou . . . . . a cidade (nós). Eu trouxe . . . . . um doce (vocês). Elas nunca . . . . . visitam (tu). Não . . . . . trouxe (o livro).

3. Setzen Sie das unbestimmte Pronomen ein (alguém, ninguém, algum(a), alguns, nenhum(a)):

Tens dinheiro? Não, não tenho . . . . . . Conheces . . . . . aqui na cidade? Não, não conheço . . . . . . Trouxe-lhe . . . . . jornais. . . . . . . me telefonou? Pode mostrar-me . . . . . livros? Não falo . . . . . língua estrangeira.

4. Setzen Sie das Verb in Klammern in die richtige Form:

Alice (ler) o jornal todos os dias. Ontem ele (dizer-me) que Maria vai à França. Onde é que tu (estar) na semana passada? Ontem vocês (ter) muitos problemas. Eles (começar) a trabalhar no mês passado. Como se (dizer) isto em português? Ontem eu (ler) um bom livro.

Vokabeln

a livraria	die Buchhandlung	a ilustração	die Abbildung
viver	leben, wohnen	o dicionário	das Wörterbuch
o instituto	das Institut	recomendar	empfehlen
dizer	sagen	a leitura	die Lektüre
começar a	beginnen, anfangen	o volume	*hier:* der Band
o rés-do-chão	das Erdgeschoß	óptimo, -a	großartig
a papelaria	das Schreibwaren-	regularmente	regelmäßig
	geschäft	ficar a par de	über etwas im Bil-
aproveitar	nutzen		de sein
a caneta	der Füller	a publicação	die Veröffentli-
o lápis	der Bleistift		chung
a borracha	der Radiergummi	o cheque	der Scheck
o papel	das Papier	pagar com cheque	mit Scheck zahlen
primeiro, -a	erste	comigo	mit mir
o andar	*hier:* das Stockwerk	lamento	*hier:* es tut mir leid
o vendedor	der Verkäufer	aceitar	annehmen, akzep-
atender	*hier:* bedienen		tieren
difícil	schwierig	mesmo	gleich, genau;
perceber	*hier:* verstehen		selbst
tudo	alles	se não se importa	wenn es Ihnen
indicar	zeigen, hinweisen		nichts ausmacht
a literatura	die Literatur	mal	schlecht, übel,
a história	die Geschichte		schlimm
a cultura	die Kultur	não faz mal	es macht nichts
se	wenn, falls; ob	voltar	zurückkehren
possível	möglich	voltar já	bald zurückkehren
se possível	wenn möglich	isto	dies

10. Stunde

Às compras

Ingrid está a passar um mês em Barcelos, uma cidade-zinha no Norte de Portugal.

Barcelos é famosa por causa da sua grande feira, que se realiza às quintas-feiras, no Campo da República. Aqui podem-se comprar peças de barro feitas à mão e muitas outras coisas.

Ingrid aproveitou uma visita à feira, para comprar os presentes que quer levar aos amigos.

Em Barcelos está a viver com uma família, que aluga sempre quartos a estudantes estrangeiros. Assim ela tem a oportunidade de conviver com uma família portuguesa e participar do seu quotidiano. Ingrid e D. Madalena, em casa de quem ela está a morar, vão hoje juntas às compras. Primeiro elas vão à mercearia. Mal entram, o merceeiro que está atrás do balcão, pergunta-lhes o que desejam.

– Queria uma lata de sardinhas, outra de atum, dois litros de azeite e um garrafão de vinho tinto, o do costume, responde a D. Madalena.

O merceeiro dá-lhe as compras, ela paga e põe-nas no cesto. Depois elas vão à padaria, onde compram pãezinhos frescos e ao talho, onde compram dois quilos de carne de vitela, 300 gramas de presunto e 200 gramas de fiambre.

Elas acabam de fazer as compras e voltam para casa. Mal chegam, a D. Madalena dá conta que lhe faltam as hortaliças e a fruta. Como ela tem que preparar o almoço, pede a Ingrid para voltar ao mercado.

Ingrid então vai a uma tenda que vende frutas e legumes frescos, pois vêm todos os dias da horta. Pede um quilo de uvas, meia dúzia de pêssegos e duas alfaces. Depois de pôr as compras no cesto, ela ainda compra meio quilo de cerejas que vai a comer pelo caminho.

Erläuterungen **10 B**

1. *estar* + **a** + **Infinitiv**

Der Verb **estar** in Verbindung mit der Präposition **a** + **Infinitiv** bezeichnet eine im Augenblick ausgeübte Tätigkeit:

Ela **está a viver** em Barcelos.   *Sie wohnt gerade in Barcelos.*
Estão a trabalhar no jardim.   *Sie arbeiten gerade im Garten.*

2. Präsens der unregelmäßigen Verben *dar, pôr, vir* **und** *pedir*

dar *geben*	pôr *stellen,* *setzen, legen*	vir *(zurück-,* *her-) kommen*	pedir *bitten*
dou	ponho	venho	peço
dás	pões	vens	pedes
dá	põe	vem	pede
damos	pomos	vimos	pedimos
dão	põem	vêm	pedem

Eles **dão** presentes às crianças no Natal.

Sie geben den Kindern an Weihnachten Geschenke.

Elas **põem** as compras no cesto.

Sie legen die Einkäufe in den Korb.

Quando é que vocês **vêm** aqui outra vez?

Wann kommt ihr wieder hierher?

Posso **pedir**-lhe um favor?

Darf ich Sie um einen Gefallen bitten?

3. Das Verb *acabar de*

acabar de bedeutet im Deutschen *etwas fertig machen, etwas zu Ende machen, gerade etwas getan haben.*

O combóio **acabou de** chegar.

Der Zug ist gerade angekommen.

Acabei de ouvir que Joana vai à Alemanha.

Ich habe gerade gehört, daß Joana nach Deutschland fährt.

4. Die Personalpronomen + Präposition

Die Personalpronomen werden in Kombination mit Präpositionen wie folgt gebraucht:

O presente é		Das Geschenk ist	
	para **mim**		*für mich*
	para **ti**		*für dich*
	para **ele**		*für ihn*
	para **ela**		*für sie*
	para **si**		*für Sie*
	para **nós**		*für uns*
	para **eles**		*für sie (Mask.)*
	para **elas**		*für sie (Fem.)*

Bemerkung:

– Die Formen **ele(s)** und **ela(s)** werden mit **de** und **em** verschmolzen.

Daraus entstehen:

de + ele	= **dele**	em + ele	= **nele**
de + ela	= **dela**	em + ela	= **nela**
de + eles	= **deles**	em + eles	= **neles**
de + elas	= **delas**	em + elas	= **nelas**

– Mit der Präposition **com** entstehen die Formen:

comigo	*mit mir*	connosco	*mit uns*
contigo	*mit dir*	convosco	*mit euch, Ihnen*
consigo	*mit Ihnen*		

João gosta **dela**.	*João mag sie.*
Esperei meia hora **por ti**.	*Ich wartete eine halbe Stunde auf dich.*
Queres vir **connosco**?	*Willst du mit uns kommen?*

– Die Form **si** wird in der **höflichen Anrede** im **Singular** verwendet:

Gostaria de falar **consigo**.	*Ich möchte gerne mit Ihnen sprechen.*
O presente é **para si**.	*Das Geschenk ist für Sie.*

5. *mal* + **Verb**

Wenn dem Adverb **mal** *(kaum, sobald)* ein Verb folgt, wird eine Handlung bezeichnet, die gerade stattfand:

Mal chegaram, começou a chover.	*Kaum kamen sie an, begann es zu regnen.*

6. *onde*

Das Adverb **onde** *(wo)* wird im Portugiesischen als **Relativpronomen** im Sinne von *in dem, in der* verwendet:

Esta é a casa **onde** moro.	*Das ist das Haus, in dem ich wohne.*

Übungen   **10 C**

1. Setzen Sie das Verb in die richtige Präsensform:

Ela (pôr) as compras no cesto. Eu (vir) aqui todas as manhãs. Os empregados (pôr) a mesa para o jantar. Eles (dar) uma boa gorjeta ao

empregado. Tu (dar)-me boas informações. Eu (pôr) um casaco, porque
lá fora está frio. Eles (vir) aqui todas as férias. Eu (vir) sempre a esse
hotel, quando (vir) ao Porto. O senhor Castro (pôr) as malas no carro.
Tu (vir) a minha casa amanhã? Ele (pedir)-me o jornal. Eu (pedir) um
copo de água ao empregado.

2. Setzen Sie das Pronomen in die richtige Form:

Podes esperar por (eu)? Não quero que faças mais isso com (eu). Não
preciso de (ele) para nada. Eu penso sempre em (tu). Não queres vir com
(nós)? Nós nunca falámos com (ele). Pedro não quer mais falar com (tu).
Isso é para (o senhor).

3. Setzen Sie die fehlenden Wörter ein:

A D. Madalena vai às compras. . . . . . ela vai à . . . . . para comprar uma
. . . . . de sardinhas e um . . . . . de azeite. . . . . . ela vai à . . . . . para . . . . .
pães e ao . . . . . para comprar carne. . . . . . chega a casa dá conta que lhe
. . . . . a fruta. Ela vai ao . . . . . e compra uma . . . . . de pêssegos e um
. . . . . de uvas.

Vokabeln   **10 D**

passar	*hier:* verbringen	o merceeiro	der Lebensmittel-
a cidadezinha	die kleine Stadt		händler
o Norte	der Norden	atrás de	hinter, nach
no Norte de	im Norden von	o balcão	die Theke, der La-
famoso, -a	berühmt, bekannt		dentisch
por causa de	wegen	a lata	das Blech; die
a feira	der Markt		Konservendose
realizar-se	stattfinden	a sardinha	die Sardine
podem-se	man kann	o atum	der Thunfisch
a peça	*hier:* das Stück	o azeite	das Olivenöl
o barro	der Lehm, Ton	o garrafão	die Fünfliterflasche
feito à mão	handgemacht	o costume	die Gewohnheit,
a visita	der Besuch		das Übliche
o presente	*hier:* das Geschenk	o do costume	der gewohnte
levar	mitnehmen, hin-	dar	geben, schenken
	bringen	pôr	setzen, stellen, le-
alugar a	verleihen; mieten,		gen; anziehen
	vermieten	o cesto	der Korb
o quarto	*hier:* das Zimmer	a padaria	die Bäckerei
assim	so; auf diese Weise	os pãezinhos	die Brötchen
a oportunidade	die Gelegenheit	fresco, -a	frisch
conviver	zusammenleben	o talho	die Metzgerei
participar de	teilnehmen an	a carne	das Fleisch
o quotidiano	der Alltag	a carne de vitela	das Kalbfleisch
quem	wer	o presunto	der Schinken
a compra	der Kauf, Einkauf	o fiambre	der gekochte
ir às compras	einkaufen gehen		Schinken
a mercearia	das Lebensmittel-	acabar de	etwas fertig ma-
	geschäft		chen, vollenden
mal	*hier:* kaum; sobald		

dar conta	wahrnehmen, bemerken	a horta	der Gemüsegarten
faltar	fehlen; etwas versäumen	a uva	die Traube
		a dúzia de	das Dutzend von
a hortaliça	das Gemüse	meia dúzia	halbes Dutzend
preparar	vorbereiten	o pêssego	der Pfirsich
a tenda	das Zelt	a alface	der Kopfsalat
vir	kommen, herkommen, zurückkommen	a cereja	die Kirsche
		o caminho	der Weg
		pelo caminho	unterwegs
		pensar em	denken an

11. Stunde

No médico   **11 A**

Ontem Júlia sentiu-se mal durante todo o dia. Levantou-se com dificuldade e teve dores de cabeça toda a manhã. Decidiu então consultar o médico.

Telefonou para o trabalho para desculpar-se pela ausência. Em seguida telefonou ao médico para marcar uma consulta. Às onze horas vestiu-se e saiu.

No consultório a empregada pediu-lhe para esperar um pouco. Meia hora depois o médico consultou-a.

– Bom dia, D. Júlia! Como está a senhora?

– Não me sinto bem. Dói-me a cabeça e tusso o tempo todo. O médico auscultou-lhe o peito, mediu-lhe a tensão arterial e por fim examinou-lhe a garganta.

– Estou a ver que a garganta está inflamada. A senhora também tem febre?

– Sim, um pouco. Especialmente à noite.

– A senhora está constipada. Não é nada grave, mas é melhor ficar uns dois dias de cama. Vou receitar-lhe um remédio para a febre e umas pastilhas para as dores de garganta. E para a semana volte ao consultório outra vez.

Erläuterungen   **11 B**

1. Der menschliche Körper *(o corpo humano)*

a cabeça	*der Kopf*	a mão	*die Hand*
o rosto	*das Gesicht*	o dedo	*der Finger; die Zehe*

71

o olho	das Auge	a perna	das Bein
o nariz	die Nase	o pé	der Fuß
a boca	der Mund	o estômago	der Magen
o ouvido	das Gehör; das Ohr	as costas	der Rücken
o peito	die Brust	o coração	das Herz
o braço	der Arm		

2. estar com

estar com	febre	Fieber haben
	dores de cabeça	Kopfschmerzen haben
	dores de garganta	Halsweh haben
	gripe	Grippe haben
	dores de dentes	Zahnschmerzen haben
	tosse	Husten haben
	frio	j-m kalt sein, frieren
	calor	j-m warm sein

3. Das Reflexivpronomen

Das Reflexivpronomen **se** wird mit *sich* übersetzt. Es hat im Satz die gleiche Stellung wie die Personalpronomen.

Einige Beispiele:

sentir-se	*sich fühlen*
vestir-se	*sich anziehen*
levantar-se	*aufstehen, sich erheben*
desculpar-se	*sich entschuldigen*

Bemerkung:	sentir-se bem	*sich wohlfühlen*
	sentir-se mal	*sich schlecht fühlen*

4. Konjugation der reflexiven Verben

levantar-se	
Präsens	**PPS**
levanto-**me**	levantei-**me**
levantas-**te**	levantaste-**te**
levanta-**se**	levantou-**se**
levantamo-**nos**	levantámo-**nos**
levantam-**se**	levantaram-**se**

Bemerkung: In der 1. Person Plural aller Konjugationen verschwindet das **s** vor dem Reflexivpronomen **nos**:

levantámo-**nos**, vestímo-**nos**, desculpámo-**nos**

5. Die Präposition *para*

– **para** steht bei Verben der Bewegung, um einen längeren Aufenthalt zu bezeichnen. *(s. 3. Stunde, 3 B, 4.)*

– **para** drückt Ziel, Absicht und Bestimmung aus:

Telefonou ao médico para marcar uma consulta.	*Sie (Er) rief den Arzt an, um einen Termin zu vereinbaren.*

– Zeitlich drückt para eine Annäherung aus:

Para quando é que a senhora precisa das pastilhas?	*Wann brauchen Sie die Tabletten?*
Para a semana.	*Nächste Woche.*

6. Die Präposition *durante*

durante heißt *während* und wird Substantiven **vorangestellt**.

durante o dia	*tagsüber, während des Tages*
durante a semana	*während der Woche*

Übungen **11 C**

1. Bilden Sie Sätze:

Júlia	sentir-se	bem	hoje de manhã
eu	levantar-se	mal	ontem
nós	vestir-se	rapidamente	
vocês		devagar	

2. Bilden Sie Sätze unter Verwendung folgender Ausdrücke:

sentir-se mal / estar com dores de cabeça / estar com tosse / garganta inflamada / estar com frio

3. Setzen Sie die richtige Präposition (para, a, até) ein:

. . . . . mim, um bife com batatas. Fomos da praia . . . . . o centro a pé. Esperei por ti . . . . . às 11.00. Vou visitar-te . . . . . a semana. Amanhã Amélia vai . . . . . Porto. Estou aqui . . . . . lhe pedir um favor. Um remédio . . . . . as dores de cabeça, por favor.

o médico	der Arzt	o tempo	die Zeit; das Wetter
sentir-se	sich fühlen	o tempo todo	die ganze Zeit
sentir-se mal	sich schlecht fühlen	auscultar	abhören
durante	während	o peito	die Brust
a dificuldade	die Schwierigkeit	medir	messen
a dor	der Schmerz, das Leid	a tensão arterial	der Blutdruck
a cabeça	der Kopf	por fim	schließlich
ter dores de cabeça	Kopfschmerzen haben	examinar	*hier:* untersuchen
decidir	entscheiden	a garganta	der Hals
consultar o médico	zum Arzt gehen	inflamado, -a	entzündet; glühend
desculpar-se por	sich entschuldigen für	a febre	das Fieber
a ausência	die Abwesenheit	especialmente	besonders
em seguida	danach; anschließend	estar constipado	erkältet sein
a consulta	*hier:* die Sprechstunde	nada	nichts
vestir-se	sich anziehen	grave	ernst
o consultório	das Sprechzimmer	a cama	das Bett
a empregada	*hier:* die Arzthelferin	ficar de cama	im Bett bleiben
sentir-se bem	sich wohl fühlen	receitar	verschreiben, verordnen
doer	wehtun, schmerzen	o remédio	die Arznei
dói-me a cabeça	ich habe Kopfweh	a pastilha	die Tablette
tossir	husten	as dores de garganta	die Halsschmerzen
		para a semana	nächste Woche
		outra vez	wieder

12. Stunde

A lenda das amendoeiras em flor 12 A

Era uma vez, quando o Algarve estava em poder dos mouros, um rei árabe, que se apaixonou por uma princesa, que vinha do Norte.

Ela era jovem e bela. Os seus cabelos eram louros e os olhos azuis. Casaram-se e houve muitos dias de festa em todo o país.

Mas com o passar do tempo a princesa parecia muito infeliz e o seu marido não sabia o que fazer para alegrá-la. Oferecia-lhe lindos presentes em vão.

Um dia ela disse-lhe que estava triste porque sentia saudade dos campos cobertos de neve da sua terra natal. Com medo de perder a sua jovem esposa, o rei teve uma ideia. Mandou plantar amendoeiras em todo Algarve.

E quando veio a primavera e as árvores floriram, chamou a princesa e mostrou-lhe do alto da varanda do castelo os campos cobertos de branco. Ela achou que estava a ver neve. Ficou tão feliz que a sua tristeza desapareceu para sempre.

E assim todos os anos, quando chegava a primavera e os campos se cobriam com as flores das árvores, a princesa ficava feliz, lembrando-se da pátria distante.

Erläuterungen   **12 B**

1. Die Jahreszeiten *(as estações do ano)*

| a primavera | *der Frühling* | o outono | *der Herbst* |
| o verão | *der Sommer* | o inverno | *der Winter* |

Bemerkung:	**na** primavera	*im Frühling*
	no verão	*im Sommer*
	no outono	*im Herbst*
	no inverno	*im Winter*

2. Das Imperfekt der Verben auf *-ar, -er,* und *-ir*

trabalhar	beber	abrir
trabalhava	bebia	abria
trabalhavas	bebias	abrias
trabalhava	bebia	abria
trabalhávamos	bebíamos	abríamos
trabalhavam	bebiam	abriam

Entsprechend ihrer jeweiligen Infinitivendung erhalten alle Verben im Imperfekt die obigen Endungen, mit Ausnahme von **ser, ter, vir** und **pôr**.

3. Der Gebrauch des Imperfekts

Die **Dauerhaftigkeit einer Handlung** wird mit dem **Imperfekt** stärker hervorgehoben. Es eignet sich daher für Erzählungen und Beschreibungen in der Vergangenheit.

Das Imperfekt wird gebraucht für:

– eine **regelmäßig wiederholte** Handlung in der Vergangenheit:

Antigamente ele fumava 40 cigarros por dia.	*Früher rauchte er 40 Zigaretten pro Tag.*

– einen **Zustand**, der in der Vergangenheit **andauerte**:

Eu morava nessa casa.	*Ich wohnte in diesem Haus.*

– eine **Handlung**, die noch **andauerte**, während eine **neue** begann:

Eu estava a ouvir música, quando tu entraste na sala.	*Ich hörte gerade Musik, als du das Wohnzimmer betratst.*

4. PPS und Imperfekt von *vir* *(kommen, her-, zurückkommen)*

PPS	Imperfekt
vim	vinha
vieste	vinhas
veio	vinha
viemos	vínhamos
vieram	vinham

Ele **veio** de casa a pé.
Er ist zu Fuß von zu Hause gekommen.

Vinha sempre à hora do almoço.
Er kam immer zur Mittagszeit.

5. Imperfekt von *ser* und *ter* *(sein; haben)*

ser	ter
era	tinha
eras	tinhas
era	tinha
éramos	tínhamos
eram	tinham

Antigamente este **era** o hotel mais famoso da cidade.
Damals war dieses das bekannteste Hotel in der Stadt.

O avô **tinha** muita paciência com os netos.
Der Großvater hatte viel Geduld mit den Enkeln.

6. Das Verb *ficar*

ficar bedeutet *liegen (Ort)*, *bleiben*, *sein* und *werden*:

O aeroporto **fica longe** do centro.
: *Der Flughafen ist weit vom Zentrum entfernt.*

O correio central **fica na** praça do Comércio.
: *Das Hauptpostamt liegt an der Praça do Comércio.*

Nós **ficamos em** casa no fim de semana.
: *Wir bleiben am Wochenende zu Hause.*

Ainda vão **ficar muito tempo** aqui?
: *Bleiben Sie noch lange hier?*

In der Bedeutung von *werden* wird **ficar** von einem **Adjektiv** begleitet:

Porque deixaste a janela aberta? O quarto **ficou frio**.
: *Warum hast du das Fenster offen gelassen? Das Zimmer ist kalt geworden.*

Ficava feliz, quando vinha a primavera.
: *Sie wurde glücklich, als der Frühling kam.*

Übungen **12 C**

1. Setzen Sie die Verben in Klammern in das Imperfekt:

Antigamente eu (comprar) tudo aqui. Antigamente ele não (beber) muito. Nós (estudar) nesta escola. Antigamente eles (vender) bons produtos, hoje só têm artigos maus. Quando chegou a Portugal não (entender) português. Antigamente eles (ser) ricos e (poder) comprar coisas caras. Antigamente nós (ser) bons amigos. Antigamente eu (ler) muito mais do que agora. Antigamente os bancos (abrir) mais cedo. Quando eles não (ter) carro, (andar) de eléctrico.

2. Setzen Sie die Verben in die richtige Form:

Beispiel: Eu **(ouvir)** música, quando tu **(entrar)** na sala.
Eu **ouvia** música, quando tu **entraste** na sala.

Eu (almoçar), quando o telefone (tocar). Ele (escrever) uma carta, quando os amigos (chegar). O comboio (partir), quando eles (chegar) à estação. Ele (acabar) de jantar, quando nós (chegar). Nós (visitar) Lisboa, quando (conhecer) João.

3. Setzen Sie die richtige Jahreszeit ein:

A ..... é a estação das flores. No ..... é quente. O ..... começa em Setembro e termina em Dezembro. No ..... há muita neve na Alemanha.

4. Setzen Sie das Verb vir in der richtigen Form ein:

Ele ..... ontem à noite a minha casa. Antigamente ele ..... aqui todos os dias. Quando ..... de Portugal para morar na Alemanha? Eu ..... sempre aqui nas férias. Nós ..... a semana passada ao escritório. Antigamente, quando eu trabalhava no correio, ... aqui almoçar.

Vokabeln   12 D

a lenda	das Märchen
a amendoeira	der Mandelbaum
em flor	in Blüte
era uma vez	es war einmal
o Algarve	südlichste Provinz Portugals
o poder	die Macht, Gewalt
estar em poder de	in der Gewalt sein von
os mouros	die Mauren
o rei	der König
árabe	arabisch
apaixonar-se por	sich verlieben in
a princesa	die Prinzessin
jovem	jung
belo, -a	schön
o cabelo	das Haar
louro, -a	blond
o olho	das Auge
azul	blau
casar-se com	j-d heiraten
houve	*hier:* es gab
a festa	das Fest
todo, -a	ganz; jede(r, -s)
o país	das Land
com o passar do tempo	im Laufe der Zeit
parecer	scheinen, aussehen
infeliz	unglücklich
o marido	der Ehemann
fazer	machen, tun
alegrar	(er)freuen
oferecer	(an)bieten; schenken
lindo, -a	schön
em vão	vergebens, vergeblich
um dia	eines Tages
triste	traurig
a saudade	die Sehnsucht, das Heimweh

sentir saudade de	sich sehnen nach; etwas vermissen
o campo	der Acker, das Feld
coberto	bedeckt
a neve	der Schnee
a terra natal	das Heimatland
o medo	die Angst
com medo de	aus Angst vor
perder	verlieren, versäumen
a esposa	die Ehefrau
a ideia	die Idee
mandar	*hier:* befehlen
plantar	pflanzen
a primavera	der Frühling
a árvore	der Baum
florir	blühen
chamar	rufen
do alto de	von oben her
a varanda	der Balkon
ficar	bleiben
feliz	glücklich
a tristeza	die Traurigkeit
desaparecer	verschwinden
sempre	immer
para sempre	für immer
cobrir-se	sich bedecken; zudecken
a flor	die Blüte; Blume
a pátria	das Vaterland
distante	entfernt
antigamente	damals; früher
o produto	das Produkt
o artigo	der Artikel, die Ware
a coisa	das Ding; die Sache
ouvir	hören
tocar	*hier:* klingeln
quente	warm; heiß

13. Stunde

Uma manhã Laura ligou para a amiga.

– Ouve lá, Marta, não queres vir comigo ao Chiado? É horrível, não tenho nem mais uma roupa decente. Os meus vestidos estão fora de moda. Por isso decidi comprar qualquer coisa moderna. Vens?

– Está bem! Encontramo-nos em frente ao Elevador.

Um pouco mais tarde as duas percorriam as ruas do centro. Às vezes paravam em frente das montras para olhar para os vestidos.

Laura gostou muito dum vestido azul que estava exposto. Elas entraram na loja.

– Bom dia, diz a vendedora.

– Bom dia, queria provar o vestido azul que está na montra.

– Qual é a medida da senhora?

– Medida 42.

– A senhora pode prová-lo nesta cabine.

Ela levou também um pull-over da mesma cor para combinar com o vestido. Comprou ainda 2 pares de meias.

Marta achou os preços da loja elevados. Mesmo assim comprou uma blusa.

Elas pagaram tudo na caixa e saíram.

– Vamos à sapataria, perguntou Laura.

– Não podemos deixar isso para mais tarde? Agora queria sentar-me numa pastelaria, tomar um bom chá e conversar.

1. Die Farben (as cores)

branco, -a	*weiß*	azul	*blau*
preto, -a	*schwarz*	verde	*grün*
amarelo, -a	*gelb*	castanho, -a	*braun*
encarnado, -a	*rot*	cinzento, -a	*grau*

2. Der Gebrauch des Imperfekts *(Fortsetzung)*

a) Die **Gleichzeitigkeit** zweier Handlungen wird meistens durch das Imperfekt ausgedrückt:

Enquanto eu preparava o jantar ela via televisão.

Während ich das Abendessen vorbereitete, sah sie fern.

b) **Bitten** und **Wünsche** können auch mit Hilfe des Imperfekts ausgedrückt werden:

Queria provar o vestido.

Ich möchte das Kleid probieren.

Podia-me fazer um favor?

Könnten Sie mir einen Gefallen tun?

3. Zum Gebrauch des Imperfekts und des PPS

Das **Imperfekt** bezeichnet die **Dauerhaftigkeit** einer Handlung und begrenzt sie nicht in einem Zeitraum. Durch das **PPS** wird die Handlung in einem Zeitraum **begrenzt**.

Quando viajou ele mandou-me um postal.

Als er verreiste, schickte er mir eine Postkarte.

Quando ele viajava, mandava-me sempre postais.

Wenn er verreiste, schickte er mir immer Postkarten.

4. Adverbien auf *-mente*

Das Suffix **-mente** bezeichnet ein Adverb der Art und Weise. Um es zu bilden, fügt man zur **Femininform** eines Adjektivs **-mente** hinzu.

rápido	rapidamente	*schnell*
lento	lentamente	*langsam*
feliz	felizmente	*glücklicherweise*
fácil	facilmente	*leicht, mühelos*

5. Der Ausdruck *é que*

Wie schon in Lektion 4 gesagt wurde, wird **é que** den Interrogativpronomen nachgestellt, um sie hervorzuheben.

Dieselbe Wirkung hat **é que**, wenn es Adverbien, Substantiven und Pronomen nachgestellt wird.

Tu é que quiseste vir connosco!

Du bist es, der mit uns kommen wollte!

Tu é que sabes viver!

Du weißt aber zu leben!

1. Setzen Sie die Verben in die Vergangenheit:

Beispiel: Ela **(escrever)** enquanto ele **(falar)**.
              Ela **escrevia** enquanto ele **falava**.

Nós (dormir) enquanto eles (trabalhar). Ele (ler) o jornal enquanto ela (preparar) o jantar. Enquanto eles (cortar) o cabelo elas (fazer) compras. Enquanto eles (dormir) nós (ouvir) música.

2. Bilden Sie die richtige Form der Verben (PPS oder Imperfekt):

Quando nós (chegar) a festa (estar) a começar. Antigamente ela (fazer) esta viagem todos os meses. (ser) tarde quando nós (voltar) para casa. O dia (estar) bonito, mas de repente (começar) a chover. Eu (ler) quando ela (chegar).

3. Bilden Sie Adverbien aus den Adjektiven in Klammern:

(final) conseguimos um quarto. Este empregado faz tudo (lento). Começou a falar muito (rápido). Esta loja é (real) muito cara.

4. Setzen Sie die Adjektive in Klammern in die richtige Form:

Elas olhavam os vestidos (exposto) na montra. A calça e a blusa eram (azul). Este pull-over é (verde). Depois das compras elas estavam (cansado). Estes cigarros são (bom).

Vokabeln   **13 D**

a loja	das Geschäft, der Laden	**o Elevador**	*hier:* der Lift, der in Lissabon die Ober- und Unterstadt verbindet.
ligar para	anrufen		
ouve lá!	hör mal!		
o Chiado	ein Stadtviertel in Lissabon	**percorrer**	durchgehen, durchlaufen
horrível	schrecklich, entsetzlich	**às vezes**	manchmal
		a montra	das Schaufenster
a roupa	die Kleidung	**olhar para**	ansehen, schauen auf
decente	passend		
o vestido	das Kleid	**azul**	blau
fora de moda	unmodern, veraltet	**exposto, -a**	ausgestellt
a moda	die Mode	**a vendedora**	die Verkäuferin
qualquer coisa	irgendwas	**provar**	*hier:* anprobieren
moderno, -a	modern, neu	**a medida**	*hier:* die Größe
em frente de	vor, gegenüber	**a cabine**	die Kabine

o pull-over	der Pullover	a sapataria	das Schuhgeschäft
a cor	die Farbe	deixar para mais	für später lassen
combinar com	*hier:* passen zu	tarde	
o par	das Paar	sentar-se	sich hinsetzen;
a meia	der Strumpf		Platz nehmen
o preço	der Preis	o chá	der Tee
elevado, -a	hoch	conversar (com)	sich unterhalten
mesmo assim	trotzdem		(mit)
a blusa	die Bluse	cortar	(ab-, zu-)schneiden
a caixa	die Kasse	o cigarro	die Zigarette
sair (de)	gehen (aus); aus-,		
	hinaus-, weggehen		

14. Stunde

O encontro

António e Laura foram colegas de faculdade. Há muito tempo que não se viam, quando se encontraram por acaso na rua.

– Laura, como estás? Há quanto tempo que não nos víamos!

– Pois é, o que é que tens feito? Tens visto os outros colegas do nosso curso?

– Não, nunca mais os vi, nem nunca mais voltei à universidade para rever os professores.

– Parece que estás bem disposto. O que é que tens feito?

– Ultimamente tenho descansado bastante, passeado e lido.

– Que boa vida! Não trabalhas?

– Trabalhava, mas a firma faliu. Demorou mas agora consegui outra colocação para o próximo mês. E tu, o que é que tens feito?

– Depois de acabar a faculdade, resolvi ir morar para o estrangeiro. Voltei para Portugal há 7 meses e consegui um lugar numa agência de turismo.

– E o serviço agrada-te?

– É muito agradável e sobretudo não é monótono. Como guia turística tenho contacto com pessoas diferentes, que se interessam em conhecer o nosso país. Gosto de

acompanhá-las a visitar monumentos, lugares típicos e transmitir-lhes um pouco da nossa cultura.
– Diz-me, vais trabalhar no fim de semana ou estás livre?
– Não trabalho, porque?
– Um amigo meu tem um barco e no sábado vamos velejar. Tem estado tanto calor! Não queres vir também? De certeza que nos vamos divertir muito!
– Claro! É um convite maravilhoso! Assim posso fugir um bocado à confusão da cidade ...

Erläuterungen   **14 B**

1. Das Partizip

Infinitiv	-ar	-er	-ir
Partizip	-ado	-ido	-ido

einige Beispiele:

falar	*sprechen*	fal**ado**	*gesprochen*
vend**er**	*verkaufen*	vend**ido**	*verkauft*
decid**ir**	*entscheiden*	decid**ido**	*entschieden*

Bemerkung: Es gibt auch unregelmäßige Formen des Partizips.

Beispiele:

fazer	*machen*	**feito**	*gemacht*
ver	*sehen*	**visto**	*gesehen*
escrever	*schreiben*	**escrito**	*geschrieben*

2. Pretérito Perfeito Composto (PPC)

Das **PPC** wird aus den Präsensformen des Verbs **ter** und dem Partizip des Hauptverbs gebildet.

trabalhar	beber	partir
tenho trabalhado	tenho bebido	tenho partido
tens trabalhado	tens bebido	tens partido
tem trabalhado	tem bebido	tem partido
temos trabalhado	temos bebido	temos partido
têm trabalhado	têm bebido	têm partido

3. Der Gebrauch des PPC

Das PPC bezeichnet eine Handlung, die in der Vergangenheit begann und sich mehrmals bis zur Gegenwart wiederholte.

Diese zusammengesetzte Form unterscheidet sich formal und inhaltlich vom deutschen Perfekt.

Ultimamente tenho passeado muito.	*In letzter Zeit ging ich oft spazieren (und gehe immer noch).*
Ultimamente tenho lido bons livros.	*In letzter Zeit habe ich gute Bücher gelesen (und lese immer noch).*
O tempo tem estado quente.	*Das Wetter ist bis jetzt warm gewesen.*

Bemerkung: Da das PPC im Deutschen keine entsprechende Verbform hat, muß es mit Hilfe von Adverbien übersetzt werden.

4. Die Personalpronomen

Wie schon in Lektion 9 gesagt wurde, werden die Personalpronomen als Objekt dem Verb nachgestellt, wobei zwischen Verb und Pronomen ein Bindestrich steht.

Verbinden sich Verbformen auf **-r, -s** oder **-z** mit **o, a, os** und **as,** ergeben sich folgende Formen: **-lo, -la, -los, -las.**

Beispiele zu -r:

vou convidar-o   vou convidá-**lo**   *ich werde ihn einladen*

Das **r** entfällt; das **a** der letzten Silbe bekommt einen **Akzent** (acento agudo).

Ebenfalls: convidá-**la**, convidá-**los**, convidá-**las**.

vou ver-o   vou vê-**lo**   *ich werde ihn sehen*

Das **r** entfällt; das **e** erhält einen Akzent (acento circunflexo).

Ebenfalls: vê-**la**, vê-**los**, vê-**las**.

vou dividir-o   vou dividi-**lo**   *ich werde ihn teilen*

Das **r** entfällt; das **i** bleibt ohne Akzent.

Ebenfalls: dividi-**la**, dividi-**los**, dividi-**las**.

Beispiele zu -s:

encontrámos-o   encontrámo-**lo**   *wir trafen ihn*

Das **s** entfällt.

Ebenfalls: encontrámo-**la**, encontrámo-**los**, encontrámo-**las**.

vendemos-o   vendemo-lo   *wir verkaufen ihn*
Das **s** entfällt.
Ebenfalls: vendemo-**la**, vendemo-**los**, vendemo-**las**.

dividímos-o   dividímo-lo   *wir teilen ihn*
Das **s** entfällt.
Ebenfalls: dividímo-**la**, dividímo-**los**, dividímo-**las**.

Beispiele zu -z:
traz-o   trá-**lo**   *er bringt ihn*
Das **z** entfällt; das **a** bekommt einen Akzent (acento agudo).
Ebenfalls: trá-**la**, trá-**los**, trá-**las**.

fez-o   fê-**lo**   *er hat ihn gemacht*
Das **z** entfällt; das **e** erhält einen Akzent (acento circunflexo).
Ebenfalls: fê-**la**, fê-**los**, fê-**las**.

diz-o   di-**lo**   *er sagt es*
Das **z** entfällt; das **i** bleibt ohne Akzent.
Ebenfalls: di-**la**, di-**los**, di-**las**.

Verbinden sich die Verbformen auf **-m** mit **o, a, os, as,** ergeben sich
folgende Formen: **m** + **-no, -na, -nos, -nas.**
Beispiele: convidam-**no**
               vendem-**na**
               dividem-**nos**
               encontraram-**nas**

5. Das Wort *nem*

nem bedeutet *nicht einmal, auch nicht*; **nem** ..... **nem** heißt *weder*
..... *noch.*

Quando foi a Lisboa, **nem** visi-   *Als er (sie) in Lissabon war, hat*
tou uma casa de fados.   *er (sie) nicht einmal ein Fado-*
                              lokal besucht.

Não bebo **nem** chá **nem** café.   *Ich trinke weder Tee noch Kaffee.*
Não falamos **nem** inglês **nem**   *Wir sprechen weder Deutsch noch*
alemão.   *Englisch.*

6. *há – desde*

desde bedeutet *seit, von* ..... *an;* **há** heißt *vor, seit.*

Moramos em Portugal **desde** 1983.	*Wir wohnen seit 1983 in Portugal.*
Ele foi contra a viagem **desde** o começo.	*Er war von Anfang an gegen die Reise.*
Fomos ao Algarve **há** três anos.	*Wir fuhren vor drei Jahren in die Algarve.*
Há quanto tempo é que isso aconteceu?	*Wie lange ist es her?*

14 C

1. Setzen Sie die Sätze in das PPC:

Ultimamente eu (estudar) muito. Nós (ir) sempre a Portugal nas férias. Ultimamente ela (ver) bons filmes. Nós (ir) à praia desde o princípio do ano. Vera (sentir) dores de cabeça nos últimos três dias. (chover) muito nestas últimas semanas. O tempo (estar) bom. Ultimamente (fazer) calor. Ultimamente nós não (ir) a restaurantes. Ultimamente elas (descansar) pouco.

2. Beantworten Sie die Fragen nach folgendem Muster:

Beispiel: Vocês **convidaram** o João?
Convidámo-lo, sim.

Eles venderam o carro? Eles encontraram a Rosa? Ela vai levar os turistas ao museu? Vamos ver a Paula? Vamos fazer um bolo? Eles receberam a encomenda?

3. Bilden Sie Sätze nach folgendem Muster:

Beispiel: Eu / falar / francês / português.
Eu **não falo nem** francês **nem** português.

Nós / querer / chá / café. Nós / gostar de / doces / frutas. Eu / querer / hotel / caro / luxuoso. Eu / falar / inglês / alemão.

4. Setzen Sie há oder desde ein:

. . . . . quanto tempo estudas português? Ela está doente . . . . . a semana passada. Eles estão em Portugal . . . . . uma semana . . . . . o ano passado que não vou ao cinema.

o encontro	die Begegnung; Verabredung	sobretudo	*hier:* vor allem; besonders
o colega	der Kollege	monótono	langweilig, eintönig
há muito tempo	vor langer Zeit	o guia turístico	der Fremdenführer
por acaso	zufällig	o contacto	der Kontakt, die Berührung
pois	*hier:* ja, sicher, natürlich	diferente	verschieden, verändert
o curso	der Kurs		
nunca	nie, niemals	interessar-se por	sich interessieren für
nunca mais	nie wieder		
nem	nicht einmal; auch nicht	acompanhar	begleiten
rever	wiedersehen	visitar	besuchen
disposto	bereit	o monumento	das Monument, Denkmal
estar bem disposto	sich wohlfühlen	o princípio	*hier:* der Anfang
ultimamente	in letzter Zeit	típico	typisch
bastante	*hier:* viel, sehr	transmitir	übertragen
a vida	das Leben	o fim de semana	das Wochenende
falir	in Konkurs gehen	estar livre	frei haben
conseguir	gelingen, erreichen; bekommen	velejar	segeln
		o calor	die Wärme, Hitze
demorar	lange dauern	estar calor	heiß sein
a colocação	*hier:* die Stelle	divertir-se	sich amüsieren
acabar	beenden	um bocado	viel, sehr
resolver	beschließen	o convite	die Einladung
o estrangeiro	*hier:* das Ausland	fugir de	fliehen von
a agência de turismo	das Reisebüro	a confusão	die Verwirrung
agradar (a)	j-m gefallen	luxuoso	üppig, luxuriös

15. Stunde

No hotel   15 A

    Glória e Manuel ainda não conheciam o Algarve. Por isso resolveram passar as férias da Páscoa em Albufeira.

    Como sabiam que os hotéis ficam cheios nessa época do ano, mandaram reservar um quarto num hotel asseado, recomendado pelo turismo, mas de preços módicos. Assim não tiveram dificuldade com a estada.

    Logo que chegaram dirigiram-se ao hotel.

    À entrada, o recepcionista cumprimentou-os.

    – Boa tarde, o que desejam?

– Mandei reservar um quarto de casal com quarto de banho, até domingo, no nome de Manuel Teixeira.
– Um momento, por favor. Confirmaram a chegada?
– Confirmámos e pedimos também um quarto com vista para o mar.
– Infelizmente os quartos que dão para o mar já estavam todos reservados. Quando vagar um posso mudá-los para lá. Mas os senhores vão ficar num quarto sossegado e com varanda.
– Queriamos ficar até a próxima quarta-feira, é possível?
– Agora nos feriados é difícil, porque está tudo ocupado. Vou controlar e depois dou-lhes uma resposta. Agora os senhores por favor preencham esta ficha e assinem. Os senhores têm um documento?
– Temos o bilhete de identidade. Ah! Qual é o preço por dia com pequeno-almoço?
– 3100 escudos. O quarto dos senhores é o número 315, no terceiro andar.
– Mais uma coisa. O hotel tem estacionamento?
– Não, mas o senhor pode deixar o carro num estacionamento aqui perto; é seguro.
Eles sobem de elevador e o empregado leva-lhes a bagagem ao quarto.
Este não é muito grande, mas a cama é confortável e os lençóis limpos.
No quarto de banho há várias toalhas e um sabonete.
Depois de mudar de roupa, saem para ir à praia, pois o dia está quente e ensolarado.

Erläuterungen   **15 B**

1. Der Imperativ

Der Imperativ der regelmäßigen Verben

trabalhar	*arbeiten*
trabalha!	*arbeite!*
trabalhe!	*arbeiten Sie!*
trabalhemos!	*laßt uns arbeiten!*
trabalhem!	*arbeiten Sie!*

beber	trinken
bebe!	trink!
beba!	trinken Sie!
bebamos!	laßt uns trinken!
bebam!	trinken Sie!

abrir	öffnen
abre!	öffne!
abra!	öffnen Sie!
abramos!	laßt uns öffnen!
abram!	öffnen Sie!

Die Verneinungsformen des Imperativs

não trabalhes	não bebas	não abras
não trabalhe	não beba	não abra
não trabalhemos	não bebamos	não abramos
não trabalhem	não bebam	não abram

Bemerkung: Normalerweise wird das Subjekt (**eu, tu** *usw.*) beim Imperativ nicht gebraucht. Falls man es benutzt, um den Imperativ hervorzuheben, wird das Subjekt immer dem Verb nachgestellt.

2. Der Imperativ einiger unregelmäßiger Verben

fazer: faz, faça, façamos, façam
trazer: traz, traga, tragamos, tragam
vir: vem, venha, venhamos, venham
pôr: põe, ponha, ponhamos, ponham

Traga-me a conta, por favor!	*Bringen Sie mir die Rechnung, bitte!*
Vem cá!	*Komm her!*

3. Das Demonstrativpronomen

Im Portugiesischen unterscheidet man genauer als im Deutschen den Grad des sprachlichen Hinweises. Daher werden drei Grundarten von Demonstrativpronomen verwendet.

Unveränderliche Formen

isto	*dies hier, das* (in der Nähe des Sprechers)
isso	*dies da, das* (in der Nähe des Angesprochenen)
aquilo	*jenes, das dort* (von den Sprechenden weiter entfernt)

Veränderliche Formen

este	*dieser hier* (in der Nähe des Sprechers)
esse	*dieser da* (in der Nähe des Angesprochenen)
aquele	*jener* (vom Sprecher und Angesprochenen weiter entfernt)

Singular		Plural	
Mask.	*Fem.*	*Mask.*	*Fem.*
este	esta	estes	estas
esse	essa	esses	essas
aquele	aquela	aqueles	aquelas

– José, **aquele** é o teu carro?	*José, ist dieses dort dein Auto?*
– Não, **este** é que é o meu carro.	*Nein, dieses hier ist mein Auto.*
Este quarto não está limpo.	*Dieses Zimmer ist nicht sauber.*

4. Das unbestimmte Pronomen *todo, tudo*

Singular		Plural	
Mask.	*Fem.*	*Mask.*	*Fem.*
todo	toda	todos	todas

Todo entspricht dem deutschen *ganz, alle* und *jede(r, -s)* :

todo o ano	*das ganze Jahr*
todos os anos	*jedes Jahr*
todos os dias	*jeden Tag*
todos os países	*alle Länder*
toda a gente	*alle Leute*

Tudo entspricht dem deutschen *alles:*

Aqui **tudo** é bonito.	*Alles hier ist schön.*
Nos feriados está **tudo** cheio.	*An den Feiertagen ist alles über-füllt.*

5. *mandar* + Infinitiv

mandar + **Infinitiv** bedeutet *etwas machen lassen* bzw. *anordnen, daß etwas getan wird.*

Mandei reservar um quarto.	*Ich habe ein Zimmer reservieren lassen.*
Mandámos consertar o carro.	*Wir ließen das Auto reparieren.*
Já **mandaste vir** o almoço?	*Hast du schon das Essen bestellt?*
Mandámos modernizar a casa.	*Wir ließen das Haus renovieren.*

Übungen **15 C**

1. Bilden Sie die richtige Form des Imperativs:

Maria, (fechar) a porta! Meninos, não (comer) tão depressa! José, não (beber) muito! (vir) todos aqui amanhã! (vocês, fazer) menos barulho! (o senhor, trazer) a conta, por favor! (o senhor, levar) a minha mala ao quarto, por favor! (o senhor, pôr) toalhas limpas. Não (vocês, entrar) aqui agora!

2. Antworten Sie nach folgendem Muster:

Beispiel: **Este** hotel é bom?
             Não, mas **aquele** é.

Esta pensão é barata? Esta cidade é sossegada? Este quarto dá para a rua? Estas praias são limpas?

3. Sagen Sie auf portugiesisch:

Was ist dies (hier)? Dieses Jahr fahre ich nach Portugal. Diesen Sonntag bleibe ich zu Hause. Das (dort) ist mein Gepäck.

4. Setzen Sie todo(s), toda(s), oder tudo ein:

Ela fala quase ..... as línguas. Eles já visitaram ..... a cidade. Convidei ..... os meus amigos para a festa. ...... a gente gosta dele. ..... os anos vamos ao Algarve nas férias. ...... os dias ele vem aqui. Já preparaste ..... para a viagem?

5. Setzen Sie die fehlenden Wörter ein:

Eles ainda não conheciam Albufeira. Por isso resolveram ..... lá os ..... da Páscoa. Antes ..... um quarto num hotel asseado, mas de

..... módicos. Quando chegaram, ... o carro num estacionamento.
No hotel tiveram que ...... uma ficha e ...... Também tiveram que
...... os documentos. O quarto ficava no terceiro andar. Eles subiram
de ...... e o empregado ...... a bagagem até o quarto.

Vokabeln   15 D

passar	*hier:* verbringen	o mar	das Meer
a Páscoa	Ostern	o quarto dá para o	das Zimmer hat
Albufeira	Stadt in Südportu-	mar	Blick zum Meer
	gal	reservado, -a	*hier:* reserviert
a época	die Zeit, Epoche;	vagar	frei sein
	der Zeitraum	mudar	*hier:* umziehen
o ano	das Jahr	sossegado, -a	ruhig, still
mandar	*hier:* etwas machen	ocupado, -a	*hier:* voll belegt
	lassen	controlar	prüfen
reservar	reservieren, vorbe-	a ficha	das Formblatt
	stellen, belegen	assinar	unterschreiben
asseado, -a	sauber, gepflegt	o bilhete de identi-	der Personalaus-
recomendado por	empfohlen von	dade	weis
módico	mäßig	terceiro, -a	dritte(r, -s)
a estada	der Aufenthalt	o estacionamento	der Parkplatz
logo que	sobald	seguro, -a	sicher
dirigir-se a	zugehen; sich wen-	o elevador	der Aufzug
	den an	a bagagem	das Gepäck
a entrada	der Eingang, Ein-	o lençol	das Bettuch,
	tritt		Leintuch
o recepcionista	der Empfangschef	a toalha	*hier:* das Badetuch
cumprimentar	begrüßen	o sabonete	die Toilettenseife
o quarto de casal	das Doppelzimmer	mudar de roupa	sich umziehen
o quarto de banho	das Badezimmer	ensolarado, -a	sonnig
no nome de	auf den Namen	os meninos	*hier:* die Kinder
confirmar	bestätigen	depressa	schnell, rasch
infelizmente	leider, unglückli-	o barulho	der Lärm
	cherweise	a pensão	die Pension

16. Stunde

Assim já é demais!

A senhora já estava há meia hora dentro da cabine telefónica, e virava as páginas da lista de telefone. A fila em frente da cabine aumentava, mas ela parecia não se incomodar.

Enfim, um senhor perdeu a paciência, abriu a porta e perguntou educadamente:

– Desculpe, mas parece-me que a senhora não encontra o número que está a procurar. Posso ajudá-la talvez?

– Muito obrigada, o senhor é muito amável, mas não quero telefonar. É que depois de amanhã vou baptizar o meu sobrinho e estou à procura de um nome adequado para ele.

No correio

Um senhor chega ao guiché, de onde quer mandar um telegrama. Recebe o formulário, preenche-o e entrega-o ao empregado. O texto dizia o seguinte:

– Blá, blá, blá, blá, blá, blá, blá, blá, blá.

O empregado do correio contou as palavras e disse-lhe:

– O senhor tem direito a mais uma palavra, pelo mesmo preço.

– Não precisa, não senhor. Bastam essas.

– Porque é que o senhor não põe mais um blá?

– Está maluco? Assim ninguém percebia nada!

(adaptado: O Pasquim)

Essa é boa!

No consultório do dentista uma mãe fala sobre o seu último bebé. Um senhor pergunta-lhe atenciosamente:

– E a senhora quantos filhos tem?

– Tenho quatro, ela responde, e acrescenta "graças a Deus".

– Porque graças a Deus?

– Li numa revista que entre cinco crianças que nascem no mundo, uma é chinêsa. O senhor imagina-me com um bebé chinês nos braços?

1. Höflichkeitsformen

a) Begrüßung, Bekanntschaft

Como está?	*Wie geht es Ihnen?*
Bem, obrigado.	*Danke, gut.*
Como está a família?	*Wie geht es Ihrer Familie?*
Este é o senhor ...	*Das ist Herr ...*
Esta é a senhora ...	*Das ist Frau ...*
Apresento-lhe ...	*Ich stelle Ihnen ... vor.*
Muito prazer!	*Sehr angenehm!*
Muito prazer em conhecê-lo (-la)	*Sehr erfreut Sie kennenzulernen.*

b) Bitte, Dank, Entschuldigung

Faça o favor de me trazer ...	*Bitte bringen Sie mir ...*
Faça o favor de me dar ...	*Geben Sie mir bitte ...*
Faça o favor de me mostrar ...	*Zeigen Sie mir bitte ...*
Posso pedir-lhe um favor?	*Darf ich Sie um einen Gefallen bitten?*
Dá licença?	*Gestatten Sie?*
Obrigado!	*Danke!*
Muito obrigado!	*Vielen Dank!*
Muitíssimo obrigado!	*Herzlichen Dank!*
De nada.	*Bitte sehr!; Keine Ursache!*
Desculpe!	*Entschuldigen Sie!*
Lamento muito que ...	*Ich bedaure sehr, daß ...*
Não faz mal.	*Es macht nichts.*

c) Abschied

Adeus!	*Auf Wiedersehen!*
Até logo!	*Bis später!*
Até amanhã	*Bis morgen!*
Lembranças à família	*Grüßen Sie Ihre Familie!*

d) Gute Wünsche

Boa viagem!	*Gute Reise!*
Bom fim de semana!	*Schönes Wochenende!*
Divirta-se!	*Viel Vergnügen!*
Boa sorte!	*Viel Glück!*
Estimo as melhoras!	*Gute Besserung!*
Saúde!	*Prosit!*
Bom Natal!	*Frohe Weihnachten!*

Boa Páscoa!   *Frohe Ostern!*
Feliz Ano Novo!   *Ein glückliches Neues Jahr!*
Muitos parabéns!   *Herzliche Glückwünsche!*

2. Die Familie *(a família)*

Maskulinum		Femininum	
o avô	*Großvater*	a avó	*Großmutter*
o pai	*Vater*	a mãe	*Mutter*
o filho	*Sohn*	a filha	*Tochter*
o neto	*Enkel*	a neta	*Enkelin*
o irmão	*Bruder*	a irmã	*Schwester*
o tio	*Onkel*	a tia	*Tante*
o primo	*Vetter*	a prima	*Kusine*
o sobrinho	*Neffe*	a sobrinha	*Nichte*

Pluralformen

os avós	*Großeltern*	os netos	*Enkelkinder*
os pais	*Eltern*	os tios	*Onkel und Tanten*
os filhos	*Kinder*	os sobri-	*Neffen und Nichten*
os irmãos	*Geschwister*	nhos	

Vokabeln   **16 D**

a cabine telefónica	die Telefonzelle	**a palavra**	das Wort
virar	*hier:* umblättern	**ter direito a**	Anspruch haben auf
a página	die Seite, das Blatt		
a fila	die Reihe, Schlange	**bastar**	genügen, ausrei-
aumentar	vergrößern, zuneh-		chen
	men, erhöhen	**maluco, -a**	verrückt, närrisch
incomodar-se com	sich Mühe machen	**essa é boa!**	das ist ja heiter!
	mit	**o dentista**	der Zahnarzt
enfim	endlich	**último, -a**	letzte(r, -s)
a paciência	die Geduld	**o bebé**	das Baby
perder a paciência	die Geduld verlie-	**atenciosamente**	aufmerksam, höf-
	ren		lich
educadamente	höflich	**o filho**	der Sohn
desculpar	verzeihen	**acrescentar**	hinzufügen, hinzu-
ajudar	j-m helfen		setzen
amável	liebenswürdig,	**Deus**	Gott
	freundlich	**graças a Deus**	Gott sei Dank
depois de amanhã	übermorgen	**a revista**	die Zeitschrift
baptizar	taufen	**entre**	zwischen; unter
o sobrinho	der Neffe	**a criança**	das Kind
adequado, -a	angemessen	**nascer**	geboren werden
mandar um tele-	ein Telegramm auf-	**o mundo**	die Welt
grama	geben	**chinês**	chinesisch
entregar a	ab-, übergeben, ab-	**imaginar**	sich vorstellen, sich
	liefern		einbilden
contar	*hier:* zählen	**o braço**	der Arm

95

17. Stunde

Minha amiga distante: Quem me dera
aceitar o convite que me fazes,
ir respirar o fim da Primavera
sob os últimos cachos de liláses.

    Quem me dera fazer o que desejas
    meter-me no combóio, um destes dias,
    e partir à procura das cerejas,
    das estevas, do mel, das romarias,

de tudo o que é da terra e cheira bem,
do pão loiro, de trigo ou de centeio.
Sem receber visitas de ninguém,
ir eu mesma buscar o meu correio.
   ...

Mas não posso, acredita ... É sempre assim ...
Mais tarde hei-de tentar ... Lá para Agosto
irei colher-te as rosas do jardim
que regaremos juntas ao sol-posto.

    Agora, vou findar ... Um grande abraço ...
    Recados à Rosália do Mateus
    e à trepadeira azul do meu terraço.
    Minha amiga distante, adeus, adeus!

                        Fernanda de Castro:
                        Trinta e nove poemas

Erläuterungen   **17 B**

1. Das Futur der regelmäßigen Verben (Futur I)

Mit Ausnahme von **dizer, fazer** und **trazer** bekommen alle Verben im Futur die folgenden Endungen:

trabalhar	beber	abrir
trabalharei	beberei	abrirei
trabalharás	beberás	abrirás
trabalhará	beberá	abrirá
trabalharemos	beberemos	abriremos
trabalharão	beberão	abrirão

Bemerkung: In der Umgangssprache wird das Futur selten verwendet. Statt dessen bevorzugt man die Umschreibung mit **ir** + **Infinitiv** *(s. 6. Stunde)*.

2. *haver de* *(sollen, werden, müssen)*

haver de im Präsens bezeichnet eine für die Zukunft beabsichtigte Handlung.

Präsens	
hei-de	havemos-de
hás-de	
há-de	hão-de

Hás-de compreender que isto não pode continuar assim!

Quanto **hei-de** deixar ao empregado?

Hás-de me contar tudo!

Ele **há-de** estar em casa.

Hei-de tentar!

Du mußt doch verstehen, daß es so nicht weitergehen kann!

Wieviel (Trinkgeld) soll ich dem Ober lassen?

Du mußt mir alles erzählen!

Er wird wohl zu Hause sein.

Ich werde es doch wohl versuchen.

3. Das unregelmäßige Verb *fazer* *(machen, tun)*

Präsens	PPS	Imperativ
faço	fiz	
fazes	fizeste	faz
faz	fez	faça
fazemos	fizemos	façamos
fazem	fizeram	façam

Ausdrücke mit **fazer**:

fazer um convite a alguém	*jemanden einladen*
fazer um favor a alguém	*jemandem einen Gefallen tun*
fazer anos	*Geburtstag haben*
fazer bem	*guttun*
fazer mal	*schaden*

4. Die Zusammenziehung der Personalpronomen

Wenn im gleichen Satz zwei Pronomen (Akkusativ- und Dativ-objekt) vorkommen, werden sie wie folgt verschmolzen:

me + o (*bzw.* a, os, as) =	**mo** (*bzw.* **ma, mos, mas**)
te + o (*bzw.* a, os, as) =	**to** (*bzw.* **ta, tos, tas**)
lhe + o (*bzw.* a, os, as) =	**lho** (*bzw.* **lha, lhos, lhas**)
nos + o (*bzw.* a, os, as) =	**no-lo** (*bzw.* **no-la, no-los, no-las**)
vos + o (*bzw.* a, os as) =	**vo-lo** (*bzw.* **vo-la, vo-los, vo-las**)

Ele mostrou-**me a** fotografia.	
Ele mostrou-**ma**.	*Er hat sie mir gezeigt.*
Ela já **te** deu **o** livro?	
Ela já **to** deu?	*Hat sie es dir schon gegeben?*
Vendeu-**lhe o** carro?	
Vendeu-**lho**?	*Hat er es Ihnen verkauft?*

5. Das Wort *mesmo*

Als **Adjektiv** im Sinne von *selbst*, *gleich*, *selber* ist mesmo **veränder-lich**: **mesmo(s), mesma(s)**. Als **Adverb** im Sinne von *gerade*, *genau*, *eben* bleibt es **unverändert**.

Ela **mesma** vai buscar o correio.	*Sie selbst wird die Post holen.*
Ele partiu na **mesma** semana.	*Er ging in derselben Woche weg.*
Foi **mesmo** assim.	*Es war genau so.*

Übungen **17 C**

1. Beantworten Sie die Sätze nach folgendem Muster:

Beispiel: **Já viste** o novo filme?
Não, mas **ainda hei-de** o ver.

Já levaste a carta ao correio? Já deixaram o carro na estação de serviço?
Ele já te contou sobre a viagem? Já avisaram os turistas?

2. Setzen Sie das Verb fazer in der richtigen Form ein:

O senhor ..... as compras no supermercado? Este restaurante .....
um bom bacalhau. No ano passado ele ..... uma viagem ao Brasil.
Quando é que tu ..... anos? O senhor ..... me um favor? O cigarro
..... mal à saúde. Já lhes ..... o convite? Antigamente elas ..... bons
doces. O que é que tu ..... ultimamente?

3. Setzen Sie mesmo in der richtigen Form ein:

Ela ..... é que fez o bolo. Eles partiram no ..... dia. Ela compra
sempre a ..... revista. Vão no ..... avião. Sairam agora ......

4. Beantworten Sie die Fragen nach folgendem Muster:

Beispiel: Ela deu-**te a resposta**?
              Deu-**ma** ontem.

Ela comprou-lhe os livros? Ela mandou-te o jornal? Ela trouxe-te as
pastilhas? Ela contou-te a história?

Vokabeln   **17 D**

quem me dera	könnte ich doch; hätte ich doch	**o pão loiro** *(poetisch)*	das Weißbrot
aceitar um convite	eine Einladung annehmen	**o trigo**	der Weizen
respirar	(ein-)atmen	**o centeio**	der Roggen
o fim	das Ende, Ziel	**sem**	ohne
sob	unter	**acreditar em**	glauben an
o cacho	die Traube	**é sempre assim**	es ist immer so
o lilás	*hier:* der Flieder	**haver de**	sollen, werden, müssen
o cacho de liláses	die Fliederdolde		
meter-se em	sich begeben in, sich setzen in	**colher**	ernten
		a rosa	die Rose
um destes dias	in den nächsten Tagen; bald einmal	**regar**	gießen
		o sol-posto	der Sonnenuntergang
partir	abreisen	**findar**	beenden, enden
a esteva	die Zistrose (Cistaceae)	**o abraço**	die Umarmung
		o recado	*hier:* der Gruß
o mel	der Honig	**a trepadeira**	die Kletterpflanze
a romaria	die Wallfahrt	**o terraço**	die Terrasse
o que	was	**adeus**	auf Wiedersehen; leb wohl
cheirar a	riechen nach, duften nach		
		o doce	die Süßspeise
cheirar bem	duften	**o cigarro**	die Zigarette

18. Stunde

Tourada à portuguesa **18 A**

Domingo à tarde houve um grande acontecimento no Campo Pequeno: na Praça de Touros começava a estação das touradas.

Para este dia Felipe e Manuela convidaram Karin, a amiga alemã que nunca tinha visto uma tourada antes.

A princípio, ela não estava muito entusiasmada, pois imaginava que o espectáculo era brutal. Mas os amigos explicaram-lhe que em Portugal nunca se matam os touros na arena.

Quando eles chegaram à Praça de Touros já estava tudo cheio, e só com dificuldade é que conseguiram um bom lugar.

Depois de algum tempo entrou o toureiro a cavalo. Vestia um traje elegante, o colete bordado a fios de ouro, o chapéu de três bicos a lembrar os cavaleiros nobres do século XVIII. Todos aplaudiam em pé entusiasmados.

O toureiro começou a lidar o touro e a espetar-lhe farpas nas costas. Karin não gostou muito desta parte do espectáculo, apesar da explicação dos amigos. Tinha imaginado alguma coisa mais amena.

Quando terminou de espetar as farpas, o cavaleiro acenou ao público com o chapéu e retirou-se.

Começou então a segunda e mais emocionante parte da luta.

Entraram na arena os forcados, que se puseram em fila. Eles atiçavam ainda mais o animal, com gritos de olé. Quando o touro correu em direcção deles, o primeiro forcado pegou-o pelos chifres.

Entretanto os seus companheiros vieram em seu auxílio, para dominar completamente o animal.

Felipe e Manuela batiam palmas, satisfeitos com o espectáculo.

– Os chifres do touro estão embolados, mas é preciso muita coragem para uma luta destas, disse Felipe.

– Certamente, respondeu Karin, mas pensava lá consigo: "Que espectáculo! Eu não percebo: fere-se um pobre animal, que depois é derrubado por 10 homens e a isso chama-se coragem!"

1. Unregelmäßige Partizipien

escrever	*schreiben*	**escrito**	*geschrieben*
ver	*sehen*	**visto**	*gesehen*
fazer	*tun, machen*	**feito**	*gemacht*
abrir	*öffnen*	**aberto**	*geöffnet*
cobrir	*bedecken*	**coberto**	*bedeckt*
dizer	*sagen*	**dito**	*gesagt*
ganhar	*verdienen*	**ganho**	*verdient*
gastar	*ausgeben*	**gasto**	*ausgegeben*
pagar	*bezahlen*	**pago**	*bezahlt*
pôr	*stellen*	**posto**	*gestellt*
vir	*kommen*	**vindo**	*gekommen*

2. Das Plusquamperfekt: die zusammengesetzte Form

Das zusammengesetzte Plusquamperfekt wird aus dem Imperfekt des Hilfsverbs **ter** und dem Partizip des Hauptverbs gebildet.

trabalhar

tinha	trabalhado	*ich hatte gearbeitet*
tinhas	trabalhado	*du hattest gearbeitet*
tinha	trabalhado	*er, sie hatte gearbeitet*
tínhamos	trabalhado	*wir hatten gearbeitet*
tinham	trabalhado	*sie hatten gearbeitet*

beber

tinha	bebido	*ich hatte getrunken*
tinhas	bebido	*du hattest getrunken*
tinha	bebido	*er, sie hatte getrunken*
tínhamos	bebido	*wir hatten getrunken*
tinham	bebido	*sie hatten getrunken*

abrir

tinha	aberto	*ich hatte geöffnet*
tinhas	aberto	*du hattest geöffnet*
tinha	aberto	*er, sie hatte geöffnet*
tínhamos	aberto	*wir hatten geöffnet*
tinham	aberto	*sie hatten geöffnet*

Bemerkung: Das nicht zusammengesetzte Plusquamperfekt wird fast nur in der Schriftsprache verwendet. In der Umgangssprache überwiegt die zusammengesetzte Form.

3. Der Gebrauch des Plusquamperfekts

Das Plusquamperfekt bezeichnet eine Handlung, die **vor** einer anderen, **schon vergangenen** Handlung stattfand.

O avião já tinha partido quando nós chegámos ao aeroporto.	*Das Flugzeug war schon abgeflogen, als wir zum Flughafen kamen.*
Eu já tinha jantado quando ele me convidou para ir ao restaurante.	*Ich hatte schon zu Abend gegessen, als er mich einlud, ins Restaurant zu gehen.*
Ela nunca tinha visto uma tourada.	*Sie hatte nie einen Stierkampf gesehen.*
Eles nunca tinham estado em Portugal.	*Sie waren nie in Portugal gewesen.*

4. Sitzen, liegen

Diese Verben werden im Portugiesischen durch **estar** und die Partizipien **sentado** und **deitado** wiedergegeben.

ele está sentado	*er sitzt*
ela está sentada	*sie sitzt*
eles estão sentados	*sie sitzen*
nós estamos sentados	*wir sitzen*
ele está deitado	*er liegt*
ela está deitada	*sie liegt*
eles estão deitados	*sie liegen*
nós estamos deitados	*wir liegen*

Stehen heißt **estar em pé**; „em pé" ist unveränderlich.

Bei **Ortsangaben** werden *stehen* und *liegen* mit **ficar** oder **ser** übersetzt *(s. 12. Stunde)*.

5. Das Personalpronomen *se*

se wird im Deutschen bei folgenden Sätzen mit *man* übersetzt:

Aqui **come-se** bem.	*Hier ißt man gut.*
Fala-se alemão.	*Man spricht deutsch.*
Daqui **tem-se** uma boa vista.	*Von hier hat man einen guten Blick.*

1. Setzen Sie die Verben ins Plusquamperfekt:

Quando entrámos no cinema, o filme já (começar). Quando telefonei ao médico, ele já (sair). Quando chegaram à estação, o combóio já (partir). Quando telefonei, tu já (sair).

2. Setzen Sie die Verben ins Plusquamperfekt:

Vocês já (trabalhar) aqui antes? Ela disse-me que nunca (sentir) tanto frio como ontem. Eles nunca (ganhar) um presente tão bonito. Ele nunca (fazer) um bolo antes. Ela disse-me que já (pagar) a conta.

Vokabeln **18 D**

a tourada	der Stierkampf
à portuguesa	auf portugiesische Art
o acontecimento	das Ereignis
Campo Pequeno	ein Platz in Lissabon
a Praça de Touros	die Stierkampfarena
a princípio	am Anfang
entusiasmado, -a	begeistert
o espectáculo	die Vorstellung; das Schauspiel
brutal	gewalttätig
explicar	erklären, klarmachen
matar	töten, umbringen
o touro	der Stier
a arena	die Arena
o toureiro	der Stierkämpfer
o cavalo	das Pferd
a cavalo	zu Pferd
vestir	anziehen
o traje	die Tracht, das Kostüm
elegante	elegant
o colete	die Weste
o fio	*hier:* der Faden
o ouro	das Gold
de ouro	aus Gold
o chapéu	der Hut
o chapéu de três bicos	der Dreispitz
lembrar	erinnern
o cavaleiro	der Stierkämpfer zu Pferd
nobre	adlig
o século	das Jahrhundert
aplaudir	Beifall klatschen
em pé	stehend

lidar o touro	mit dem Stier kämpfen
espetar	aufspießen, stechen
a farpa	der Speerhaken
as costas	der Rücken
a parte	*hier:* der Teil
apesar de	trotz
a explicação	die Erklärung
alguma coisa	etwas
ameno, -a	mild, lieblich; heiter
acenar	winken
o público	das Publikum
retirar-se	sich zurückziehen
emocionante	aufregend
a luta	der Kampf
o forcado	der Stiertreiber
atingir	erreichen
atiçar	anfeuern
o grito	der Schrei
correr	laufen, rennen
o chifre	das Horn
pegar pelos chifres	den Stier an den Hörnern packen
entretanto	inzwischen
o companheiro	der Kamerad
o auxílio	die Hilfe
vir em auxílio de	zu Hilfe kommen
dominar	beherrschen, überragen
bater palmas	Beifall klatschen
satisfeito, -a	zufrieden
estar embolado	mit einer Schutzkugel versehen sein
a coragem	der Mut
derrubar	zu Boden werfen
derrubado	zu Boden geworfen
chamar a isto de	das nennt man
ferir	verletzen, verwunden

19. Stunde

O acidente

Pedro já tinha terminado o trabalho e voltava para casa. Quando estava a sair, do edifício na Praça da República, reparou que muitas pessoas corriam na mesma direcção. "Aconteceu alguma coisa", pensou.

– O que é que aconteceu?

– Atropelaram alguém ali na frente; receio que seja uma criança; ela ainda está no meio da rua.

– Já chamaram uma ambulância ou avisaram a polícia?

– Não sei, acabei de chegar.

– Espero que o médico venha logo!

– Não é melhor tirar a criança do meio da rua?

– Deus nos livre! Não se deve mexer em pessoas feridas!

– Quando é que vem a polícia finalmente?

– Duvido que eles tenham pressa!

– Deixam-me passar! Sou médico.

As pessoas fizeram lugar para o médico. Com cuidado ele examinou a criança.

– Ele está morto?

– E então? Há alguma coisa quebrada?

– Ainda é cedo para dizer qualquer coisa. O importante é levá-lo para o hospital e fazer-lhe todos os exames necessários.

Depois que a ambulância levou o menino, as pessoas fizeram comentários.

– É pena que já não se possa deixar uma criança sair sozinha à rua.

– Até que enfim chegou a polícia! Já não era sem tempo!

A polícia começou a fazer perguntas e a anotar as declarações das testemunhas.

– Eu vi perfeitamente o que aconteceu. O menino correu para o meio da rua sem olhar para os lados. Atirou-se mesmo para a frente do carro.

– Foi isso mesmo! Eu simplesmente não pude travar. Foi inevitável!

– O homem conduzia depressa demais.

– A senhora não sabe o que está a dizer!

- Calma! Não falem todos ao mesmo tempo!
- E então ele bateu naquele carro estacionado ali.
Só então é que Pedro reparou que o seu carro tinha sido
danificado.
O guarda-lama direito estava amassado. Mas ele não se
aborreceu muito com isso. Por sorte o seguro é que ia
pagar o prejuízo.

Erläuterungen **19 B**

1. Der Konjunktiv Präsens

Der Konjunktiv Präsens ist eine Verbform, die hauptsächlich in
Nebensätzen vorkommt, die mit **que** *(daß)* eingeleitet werden. Der
Konjunktiv Präsens wird von der 1. Person Singular des Indikativs
Präsens abgeleitet. Mit Ausnahme von **dar, estar, haver, ir, querer,
saber** und **ser** folgen die unregelmäßigen Verben derselben Regel.

trabalhar	beber	abrir
trabalhe	beba	abra
trabalhes	bebas	abras
trabalhe	beba	abra
trabalhemos	bebamos	abramos
trabalhem	bebam	abram

2. Der Gebrauch des Konjunktivs

Drückt das Verb im Hauptsatz eine Willensäußerung (Wunsch,
Erlaubnis, Verbot), einen Zweifel, eine Gefühlsregung (Freude,
Trauer, Bedauern, Furcht) aus, steht im Nebensatz das Verb im
Konjunktiv.

a) Willensäußerung

agradecer	*dankbar sein*
desejar	*wünschen*
esperar	*hoffen*
exigir	*verlangen*
importar-se	*j-m etwas ausmachen*
pedir	*bitten*
permitir	*erlauben*

preferir	*vorziehen*
proibir	*verbieten*
querer	*wollen*
propor	*vorschlagen*

b) Zweifel

não ter a certeza que	*nicht sicher sein, daß*
duvidar	*zweifeln*
não achar	*nicht meinen*
não pensar	*nicht denken*
talvez	*vielleicht*
estranhar	*seltsam finden*

c) Nach folgenden Ausdrücken benutzt man den Konjunktiv:

basta que	*es genügt, daß*
convém que	*man soll, man muß*
oxalá	*hoffentlich*
é bom que	*es ist gut, daß*
é melhor que	*es ist besser, daß*
é pena que	*es ist schade, daß*
é preciso que	*es ist nötig, daß*
é possível que	*es ist möglich, daß*

3. *naõ dever* + Infinitiv

não dever + **Infinitiv** bedeutet im Portugiesischen *etwas nicht tun dürfen*.

| Não deves dizer isso! | *Du darfst das nicht sagen!* |
| Não deves beber tanto assim! | *Du darfst nicht so viel trinken!* |

4. *demais*

Wird **demais** einem Verb, Adjektiv oder Adverb nachgestellt, heißt es *zuviel, zu sehr*.

Ele conduzia depressa demais.	*Er fuhr zu schnell.*
Eles comeram demais.	*Sie aßen zuviel.*
Este hotel é caro demais.	*Dieses Hotel ist zu teuer.*

Übungen   **19 C**

1. Setzen Sie die richtige Form des Konjunktiv Präsens ein:

Talvez nós (perder) o combóio. Prefiro que tu (conduzir) mais devagar.

Oxalá eles (vir) no sábado. Ela proíbe que eles (fazer) barulho. Quer que eu lhe (trazer) o jornal? Talvez ele (ter) sorte. Lamento que eles não (poder) esperar. Tenho medo que ele não me (encontrar). Talvez (chover) amanhã.

2. Bilden Sie Sätze und verwenden Sie dabei talvez.

Beispiel: Pagar a conta.
Talvez ele pague a conta.

Conduzir devagar. Chegar mais cedo. Comer menos. Ir de avião. Não vir nas férias. Estudar mais.

3. Bilden Sie Sätze und verwenden Sie dabei die folgenden Ausdrücke:

eu	proibir	que	vocês	chegar cedo
ele	esperar		nós	partir amanhã
nós	preferir		ela	esperar(-nos)
eles	não ter certeza		eu	chegar tarde demais
	duvidar			vir à festa
	lamentar			
	estar contente			

Vokabeln   19 D

o acidente	der Verkehrsunfall	quebrado, -a	*hier:* gebrochen
fatigado, -a	müde	o hospital	das Krankenhaus
o edifício	das Gebäude	fazer os exames	die Untersuchungen durchführen
acontecer	geschehen, sich ereignen	necessário, -a	notwendig, erforderlich, nötig
o que aconteceu?	was ist los?	o comentário	der Kommentar, die Bemerkung
atropelar	überfahren		
recear	(be)fürchten	fazer comentários	Bemerkungen machen
no meio de	mitten in		
a ambulância	der Krankenwagen	é pena	es ist schade
avisar	benachrichtigen	até que enfim	endlich
a polícia	die Polizei	já não era sem tempo	es war schon Zeit
esperar	*hier:* hoffen		
tirar	heraus-, ab-, wegnehmen	a pergunta	die Frage
		fazer perguntas	Fragen stellen
Deus nos livre!	um Gotteswillen!	anotar	aufschreiben; vermerken
mexer	bewegen, rühren; umrühren		
		a testemunha	der Zeuge
ferido, -a	verletzt	perfeitamente	*hier:* genau
duvidar (de)	zweifeln (an), bezweifeln	o lado	die Seite, Richtung
		olhar para os lados	sich umsehen
fazer lugar para	Platz machen für	atirar-se	losstürzen
com cuidado	vorsichtig	simplesmente	einfach
estar morto	tot sein		

travar	bremsen	estacionado, -a	geparkt
inevitável	unvermeidlich	reparar	bemerken
conduzir	*hier:* fahren	danificado, -a	beschädigt
demais	zuviel, zu sehr	o guarda-lama	der Kotflügel
calma!	Ruhe!	aborrecer-se com	sich ärgern über
ao mesmo tempo	auf einmal	por sorte	zum Glück
bater em	*hier:* zusammensto- ßen	o seguro	die Versicherung
		o prejuízo	der Schaden

20. Stunde

Uma conversa   20 A

Na Praça da República, em frente duma loja de frutas, conversavam a D. Rosa, a dona da loja, e um senhor reformado, o senhor Pereira, que estava a comprar umas frutas, quando o acidente aconteceu.

– Que coisa terrível, não foi?

– É, ainda bem que a minha mulher não viu. Ela foi ao médico.

– Ela está doente?

– A senhora sabe, são coisas da idade. Embora não seja nada de grave, há sempre alguma coisa. Coitado do menino ...

– Não se preocupe com isso! No hospital vão cuidar bem dele. Pobrezinha da D. Isabel! Uma mulher tão trabalhadora. Como se não bastasse ter que trabalhar fora de casa! E ainda por cima acontece-lhe uma coisa dessas.

– A senhora conhece a mãe do menino?

– Conheço, é uma boa freguesa minha.

– É nisso que dá! Porque é que ela não fica em casa e toma conta do filho, em vez de ir trabalhar? Hoje em dia as mulheres têm que fazer tudo igual aos homens! Mesmo que os filhos sofram com isso. No meu tempo era muito diferente ...

– O que é que ela pode fazer? Vive separada do marido. Se bem que ele lhe dê um tanto, o dinheiro não é suficiente para sustentar a casa.

– Mesmo assim ela não devia trabalhar fora.

– Mas o senhor tem cada ideia!

1. Der Gebrauch des Konjunktivs *(Fortsetzung)*

Nach folgenden Konjunktionen verwendet man den Konjunktiv:

a fim de que	*damit*	de modo que	*so daß*
a não ser que	*es sei denn, daß*	desde que	*vorausgesetzt,*
ainda que	*wenn auch*		*daß; sofern*
antes que	*bevor*	embora	*obwohl*
assim que	*sobald*	mesmo que	*selbst wenn*
até que	*bis*	para que	*damit*
como se	*als ob*	por mais que	*so sehr auch*
contanto que	*vorausgesetzt,*	quer ... quer	*ob ... oder*
	daß; falls	se bem que	*obgleich*
de maneira que	*so daß*	sem que	*ohne daß*

Embora seja rico, ele trabalha muito.	*Obwohl er reich ist, arbeitet er viel.*
Mesmo que chova vou visitá-lo hoje.	*Selbst wenn es regnet, werde ich ihn heute besuchen.*
Por mais que ela **queira**, não pode ir à festa.	*So sehr sie auch will, kann sie nicht zur Party gehen.*
Compre os bilhetes, **antes que** não **haja** mais lugar.	*Kaufen Sie die Karten, bevor es keinen Platz mehr gibt.*
Vamos à praia, **a não ser que chova**.	*Wir gehen an den Strand, es sei denn, es regnet.*

Bei folgenden Ausdrücken wird ebenfalls der Konjunktiv verwendet:

aconteça o que acontecer	*geschehe, was geschehen mag*
haja o que houver	*mag sein, was will*

2. Konjunktiv Präsens von unregelmäßigen Verben

dar: dê, dês, dê, demos, dêem
estar: esteja, estejas, esteja, estejamos, estejam
haver: haja, hajas, haja, hajamos, hajam
ir: vá, vás, vá, vamos, vão
querer: queira, queiras, queira, queiramos, queiram
saber: saiba, saibas, saiba, saibamos, saibam
ser: seja, sejas, seja, sejamos, sejam

3. Redewendungen

a) coisa

é a mesma coisa	*es ist dasselbe*
alguma coisa	*etwas*
isso é outra coisa	*das ist etwas anderes*
há coisa de um mês	*etwa vor einem Monat*
são coisas da idade	*das ist das Alter*

b) ideia

não faço a mínima ideia	*ich habe überhaupt keine Ahnung*
faço ideia!	*das kann ich mir denken!*
cada ideia! que ideia!	*wo denken Sie hin!*

Übungen **20 C**

1. Setzen Sie die richtige Konjunktion ein: (mesmo que, até que, antes que, a não ser que, para que)

Telefona-lhe . . . . . seja tarde. . . . . . o bilhete seja caro, prefiro viajar de avião. Vamos ficar neste hotel, ... seja caro demais. Vou-te comprar o livro, ... possas estudar melhor. Ele fala alto . . . . . todos o entendam. Vamos esperar . . . . . ele chegue.

2. Verwenden Sie die richtige Form des Konjunktivs:

Não sairei daqui, antes que tu me (responder). Espere até que ele (telefonar). Vamos almoçar logo que eles (chegar). É melhor que tu (pôr) o casaco. Paulo proíbe que nós (fumar) aqui. Não irei à festa, ainda que eles me (convidar). Ficamos em casa no fim de semana, a não ser que tu (preferir) sair. Nós vamos ao cinema, desde que não (chover). Diga ao motorista que (esperar).

3. Verwenden Sie die richtige Form des Konjunktivs:

Duvido que (ser) assim. É lógico que ela (ter) medo. Desejo que tu (ser) feliz. Talvez (haver) um hotel barato aqui perto. É provável que eu (ir) a Portugal nas férias. Oxalá (ser) verdade!

Vokabeln **20 D**

a conversa	das Gespräch	**reformado, -a**	im Ruhestand,
a loja de frutas	das Obstgeschäft		Rentner
a dona	die Besitzerin	**terrível**	schrecklich

não foi?	nicht wahr?	tomar conta de	aufpassen auf
ainda bem que	zum Glück	em vez de	statt; anstelle von
doente	krank	hoje em dia	heutzutage
a idade	das Alter	igual a	ebenso wie
embora	obwohl	mesmo que	selbst wenn
coitado, -a	der Arme!	sofrer com	leiden unter
coitado do menino	armer Junge!	separado, -a	getrennt
preocupar-se com	sich Sorgen ma-	se bem que	obgleich
	chen um	um tanto	*hier:* Unterhaltsgeld
pobrezinha da D.	die arme D. Isabel!	suficiente	ausreichend, ge-
Isabel!			nügend
trabalhador(a)	*hier:* tüchtig	sustentar	unterhalten; unter-
como se não ba-	als ob es nicht ge-		stützen
stasse!	nug wäre!	o senhor tem cada	wo denken Sie hin!
ainda por cima	*hier:* noch dazu	ideia!	
a freguesa	die Kundin	falar alto	laut sprechen
é nisso que dá!	da haben Sie es!		

21. Stunde

Planos de fortuna 21 A

– O que fazias se ganhasses a sorte grande, perguntou Rosário à amiga. Eu metia-me no próximo avião e ia conhecer o mundo. Ia viver à larga!

– Pois eu, respondeu Glória, comprava uma casinha na Serra da Estrela para passar as férias, e se sobrasse dinheiro comprava ainda um carro, que tanta falta me faz.

– Tu és modesta. Uma casa, podes comprá-la se traba- lhares muito, mas conhecer todo o mundo ... Ah! Isso é que era bom!

Ambas tinham comprado juntas um bilhete de lotaria e passavam a semana a fazer planos e a sonhar com os milhões que iam ganhar.

– Eu preferia gastar menos e investir mais. Imagina! Ia viver dos rendimentos! Assim podia deixar de trabalhar. Talvez até tirasse um curso na universidade, com calma; ia para o estrangeiro para me especializar ...

Chegou finalmente o dia do sorteio. As duas seguiam a contagem dos números, cheias de esperança.

– Desta vez vai-nos sair a sorte grande; pressinto-o;

com a vontade que tenho de conhecer o mundo, vais ver, é a nossa oportunidade, dizia Rosário.

Mas o sonho foi de curta duração. O bilhete premiado foi para uma família do Norte.

– Não te aborreças, Rosário. Como prémio de consolação, vamos hoje à noite a um bom restaurante e comemos do melhor. E depois vamos dançar. O que é que tu achas?

– Óptimo, mas quem é que paga a conta, uma vez que não somos milionárias?

Erläuterungen   **21 B**

1. Der Konjunktiv Imperfekt

Der Konjunktiv Imperfekt wird von der 3. Person Plural des PPS abgeleitet.

trabalhar	beber	abrir
trabalhasse	bebesse	abrisse
trabalhasses	bebesses	abrisses
trabalhasse	bebesse	abrisse
trabalhássemos	bebêssemos	abríssemos
trabalhassem	bebessem	abrissem

Dieser Regel folgen auch die unregelmäßigen Verben.

z. B.

Infinitiv	PPS	Konj. Imperfekt
saber	soube	soubesse
ser	foram	fosse
vir	vieram	viesse
falar	falaram	falasse
partir	partiram	partisse

Bemerkung: Der Konjunktiv Imperfekt steht nach denselben Ausdrücken, die auch im Präsens den Konjunktiv verlangen.

Ele quis que eu o ajudasse.	*Er wollte, daß ich ihm helfe.*
Gostava que viesses mais cedo.	*Ich möchte, daß du früher kommst.*
Talvez eles estivessem doentes.	*Vielleicht waren sie krank.*
Esperava que eles viessem.	*Ich hoffte, daß sie kämen.*

2. Der Konditional

trabalhar	beber	abrir
trabalharia	beberia	abriria
trabalharias	beberias	abririas
trabalharia	beberia	abriria
trabalharíamos	beberíamos	abriríamos
trabalhariam	beberiam	abririam

Bemerkung: mit Ausnahme von **dizer, fazer** und **trazer** folgen alle Verben im Konditional dem obigen Schema.

dizer: diria, dirias, diria, diríamos, diriam
fazer: faria, farias, faria, faríamos, fariam
trazer: traria, trarias, traria, traríamos, trariam

3. Die Bildung von Konditionalsätzen

Konditionalsätze werden im Portugiesischen mit Hilfe des **Konditionals** *(im Hauptsatz)* und des **Konjunktivs Imperfekt** *(im Nebensatz)* gebildet. Die **irrealen Bedingungssätze** werden mit **se** eingeleitet.
Der Konditional wird auch durch den **Indikativ Imperfekt** ersetzt.

Aqui seria melhor se houvesse menos turistas.
Hier wäre es besser, wenn es weniger Touristen gäbe.

Se eu tivesse tempo iria a Portugal.
Wenn ich Zeit hätte, würde ich nach Portugal fahren.

Gostavas dele se o conhecesses.
Er würde dir gefallen, wenn du ihn kennenlernen würdest.

Se ganhasse uns milhões viajava pelo mundo.
Wenn ich einige Millionen gewinnen würde, würde ich um die Welt reisen.

4. *deixar de* + Infinitiv

deixar de + **Infinitiv** bedeutet *aufhören etwas zu tun, etwas aufgeben.*

Ele deixou de fumar há um ano.
Er hat vor einem Jahr aufgehört zu rauchen.

Se deixares de me aborrecer, levo-te ao cinema.
Wenn du aufhörst, mich zu ärgern, nehme ich dich ins Kino mit.

O telefone deixou de funcionar há três dias.
Das Telefon funktioniert seit drei Tagen nicht mehr.

113

1. Setzen Sie die Sätze nach folgendem Beispiel in die Vergangenheit:

Beispiel: Ela **quer** que eu a **ajude**.
Ela **quis** que eu a **ajudasse**.

Talvez ele venha. Espero até que ele chegue. Quero que vocês me telefonem. Talvez eles estejam doentes. Talvez possamos sair. Lamento que estejas com pressa.

2. Setzen Sie das Verb in Klammern in den Konditional:

Ele (poder) dar-lhe essas informações, mas não está aqui. Eu (ir) a Portugal amanhã, mas não posso. Ele (gostar) de ir a excursão mas não pode. Ele (poder) dar-me o jornal, se o tivesse.

3. Bilden Sie Sätze nach dem folgenden Muster:

Beispiel: **Comprar** essa casa; **ter** dinheiro.
Eu compraria essa casa, **se tivesse** dinheiro.
oder: **Eu comprava** essa casa, **se tivesse** dinheiro.

Ficar contente; receber uma carta. / Deixar de trabalhar; ganhar na lotaria. / Não fazer isso; ser tu. / Ir a Portugal; poder. / Viajar mais; ter tempo. / Ir à praia; não estar a chover. / Trabalhar mais; poder. / Ficar contente; ele estar aqui.

4. Setzen Sie das Verb in Klammern in den Konjunktiv Imperfekt:

Seria melhor se nós (ficar) em casa. Eu ficava um mês na praia, se (ter) tempo. Ele não estaria sempre cansado, se (dormir) mais. Seria bom se tu (deixar) de fumar.

Vokabeln   **21 D**

o plano	der Plan	a casinha	das Häuschen
a fortuna	das Glück	a Serra da Estrela	Gebirge in Portugal
ganhar	gewinnen; verdienen *(Geld)*		
		sobrar	übrigbleiben
a sorte grande	der große Preis	modesto, -a	bescheiden, anspruchslos
o avião	das Flugzeug		
à larga	nach Herzenslust; großzügig	ambos, -as	beide
		a lotaria	die Lotterie
viver à larga	ohne Sorgen, nach Herzenslust leben	o bilhete da lotaria	das Lotterielos
		fazer planos	Pläne machen

sonhar com	träumen von	cheio, -a de	voller Hoffnung
o milhão	die Million	esperança	
preferir	vorziehen, lieber haben	sair a sorte grande	das große Los ziehen
gastar	*hier:* ausgeben *(Geld)*	pressentir	ahnen, vorausfühlen
investir	investieren	ter vontade de	Lust haben zu
viver de rendimentos	von Erträgen leben	o sonho	der Traum
		curto, -a	kurz
deixar de	aufhören etwas zu tun; aufgeben	a duração	die Dauer
		premiado, -a	preisgekrönt
tirar um curso	studieren	o prémio	der Preis
especialisar-se	sich spezialisieren	o prémio de consolação	der Trostpreis
o sorteio	die Verlosung, Ziehung	dançar	tanzen
seguir	folgen	uma vez que	da nun einmal
a contagem	die Zählung	milionário, -a	steinreich
a esperança	die Hoffnung; Erwartung	a excursão	der Ausflug

22. Stunde

Preparativos para a viagem 22 A

As férias de verão aproximavam-se. Pedro e Ana ainda não sabiam onde passá-las.

– E se fossemos conhecer as capitais europeias, sugeriu Ana.

– E se fossemos conhecer os países nórdicos, propôs Pedro.

– Assim nós não chegamos a acordo nenhum, disse Ana. Porque é que não vamos a uma agência de viagens? De certeza que lá informam-nos sobre os preços, os horários e sobre os sítios interessantes.

– Tens razão. Se planearmos bem a viagem, evitamos aborrecimentos e provavelmente gastamos menos.

Na agência receberam prospectos coloridos das várias cidades que gostariam de visitar: Londres, Paris, Munique ...

– Quando os senhores se decidirem, voltem aqui para marcar a data exacta da partida e escolher o hotel, disse o empregado da agência.

Em casa, quando viram os preços ficaram desiludidos, pois era tudo muito caro.

Havia contudo uma viagem à Ilha da Madeira, que lhes interessou.

– E se fossemos à Madeira, perguntou Pedro. Ora vê! Quando não nos apetecer mais tomar banho de mar ou apanhar sol, podemos dar passeios pela serra. E se a paisagem for tão bonita como nas fotografias, vamos passar umas férias inesquecíveis.

– Está bem, convenceste-me.

Na agência pagaram a viagem, receberam os bilhetes do navio que os levaria e reservaram dois lugares numa excursão para visitar a outra ilha.

Erläuterungen   **22 B**

1. Der Konjunktiv Futur

Der Konjunktiv Futur wird von der 3. Person Plural des PPS abgeleitet.

trabalhar	beber	abrir
trabalhar	beber	abrir
trabalhares	beberes	abrires
trabalhar	beber	abrir
trabalharmos	bebermos	abrirmos
trabalharem	beberem	abrirem

Dieser Regel folgen auch die unregelmäßigen Verben.

z. B.

Infinitiv	PPS	Konjunktiv Futur
saber	souberam	souber
ser	foram	for
vir	vieram	vier
ter	tiveram	tiver
poder	puderam	puder

2. Der Gebrauch des Konjunktivs Futur

Der Konjunktiv Futur wird in Bedingungssätzen verwendet, die eine künftige Handlung bzw. einen künftigen Vorgang ausdrücken. Er wird gebraucht:

a) in **Nebensätzen** nach folgenden Konjunktionen:

se	*wenn, falls*	logo que	*sobald*
quando	*wenn*	assim que	*sobald*
enquanto	*solange*	como	*wie*

Irei a Portugal **se tiver** tempo.	*Ich werde nach Portugal fahren, wenn ich Zeit habe.*
Telefono-te **quando puder**.	*Ich werde dich anrufen, wenn (wann) ich kann.*
Enquanto eu **puder** mando-te os livros.	*Solange ich kann, schicke ich dir die Bücher.*

b) in **Relativsätzen**, die durch Relativpronomen (**quem, o que, onde** *usw.*) eingeleitet sind.

Farei tudo **o que** vocês **quiserem**.	*Ich werde alles tun, was ihr wollt.*
Podes trazer à festa **quem quiseres**.	*Du kannst zur Party mitbringen, wen du willst.*
Irei **onde** tu **fores**.	*Ich werde gehen, wo du hingehst.*

c) in Ausdrücken wie:

aconteça o que acontecer	*geschehe, was geschehen mag*
seja como for	*sei es, wie es sei*
digam o que disserem	*was sie auch immer sagen werden*
seja quem for	*wer es auch sein mag*
venha quem vier	*wer auch immer kommen wird*
haja o que houver	*mag sein, was will*

3. Der Gebrauch des bestimmten Artikels

Der **bestimmte Artikel** wird im Portugiesischen meistens **gebraucht**:

– vor dem Possessivpronomen

o meu carro	*mein Auto*
a minha casa	*mein Haus*

– bei Wochentagen

Queres ir à praia no domingo?	*Möchtest du am Sonntag an den Strand fahren?*
Aos domingos acordamos mais tarde.	*Sonntags wachen wir später auf.*

117

– bei Jahreszeiten

No verão passamos as férias no Algarve.
Im Sommer verbringen wir die Ferien in der Algarve.

aber: sol de verão
Sommersonne

noite de inverno
Winternacht (s. 3. Stunde)

– vor einer Uhrzeit, wenn sie zusammen mit einer Präposition vorkommt.

ao meio-dia
am Mittag

à meia-noite
um Mitternacht

– vor Namen von Festen

o Natal
Weihnachten

a Páscoa
Ostern

o Ano Novo
Neujahr

aber: presente de Natal
Weihnachtsgeschenk

ovos de Páscoa
Ostereier (s. 3. Stunde)

– bei Namen von Ländern und Erdteilen

o Brasil
Brasilien

a Alemanha
Deutschland

a Europa
Europa

a América do Sul
Südamerika

aber: Portugal
Portugal

Angola
Angola

– bei Eigennamen, senhor und senhora

A Isabel tem muitos amigos.
Isabel hat viele Freunde.

O senhor já jantou?
Haben Sie schon zu Abend gegessen?

O que é que a senhora deseja?
Was wünschen Sie?

– nach ambos *(beide)* und todo(s) *(ganz, alle)*

Ambos os hotéis são bons.
Beide Hotels sind gut.

Eles querem conhecer toda a ilha.
Sie wollen die ganze Insel kennenlernen.

Der **bestimmte Artikel** wird **nicht gebraucht**:

– bei Monaten

Em Agosto vamos viajar.
Im August werden wir reisen.

– bei Städte-, Orts- und Dorfnamen

Cascais fica perto de Lisboa.   *Cascais liegt in der Nähe von Lissabon.*

Ausnahme: wenn Städtenamen aus Sachbezeichnungen hervorgegangen sind, *wie z. B.*

o Porto   *Porto (der Hafen)*

Übungen   **22 C**

1. Setzen Sie das Verb in Klammern in den Konjunktiv Futur:

Vamos pagar a conta quando (sair) do hotel. Vou escrever-te quando (ter) tempo. Nós ficaremos aqui se (ser) possível. Se eu (ir) ao Japão, mando-te um postal. Telefono-te logo que eu (saber) onde eles estão. Se (estar) calor vamos à praia. Se (fazer) frio ficamos em casa.

2. Setzen Sie das Verb in Klammern in den Konjunktiv Futur:

Nunca te esquecerei, aconteça o que (acontecer). Quero terminar esse trabalho hoje, custe o que (custar). Quem (chegar) primeiro, receberá o melhor lugar. Venha quem (vir), hoje não quero visitas. Faremos tudo o que tu (querer). Podemos levar à festa quantos amigos nós (querer).

3. Gebrauchen Sie den bestimmten Artikel, wenn er nötig ist:

Voltei a casa a . . . . . meio-dia. Estou em casa todo . . . . . dia. Ele pode ficar em . . . . . minha casa. São . . . . . duas horas. Em . . . . . Páscoa vamos viajar. . . . . . Portugal é um país muito bonito. Todos . . . . . três ficaram em casa. Achas simpática . . . . . Manuela? Muitos turistas vêm de . . . . . Inglaterra e de . . . . . Brasil.

Vokabeln   **22 D**

aproximar-se	sich nähern	o acordo	das Abkommen, Einverständnis
a capital	die Hauptstadt		
europeu, europeia	europäisch	chegar a um acordo	sich einig werden
sugerir	anregen; auf einen Gedanken bringen	a agência de viagens	das Reisebüro
		informar	Auskunft geben, unterrichten
nórdico, -a	nordisch		

o horário	der Stunden-, Fahrplan	exacto, -a	genau, richtig
o sítio	der Ort, Platz, die Stelle, Lage	a partida	*hier:* die Abreise
		desiludido, -a	enttäuscht
ter razão	recht haben	a ilha	die Insel
planear	planen	ora vê!	schau her!
evitar	meiden, vermeiden	apetecer	Lust haben auf
o aborrecimento	der Ärger, die Langeweile	o banho	das Bad
		tomar banho de mar	im Meer baden
provavelmente	wahrscheinlich, vermutlich	apanhar sol	in die Sonne gehen, sich sonnen
o prospecto	der Prospekt	dar um passeio	einen Spaziergang machen
colorido, -a	farbig, bunt		
vários, -as	einige, mehrere, allerlei	a paisagem	die Landschaft
		inesquecível	unvergeßlich
Londres	London	convencer	überzeugen
Munique	München	o navio	das große Schiff
a data	das Datum	reservar lugar	einen Platz reservieren
marcar a data	einen Termin vereinbaren		
		a serra	*hier:* das Gebirge

23. Stunde

Bombeiro entra no Guinness   23 A

Às nove da manhã de ontem, o bombeiro português João Alves de Castro, 31 anos, fez o necessário para ser citado no livro de recordes Guinness: manteve-se 189 horas e 28 minutos em cima de uma bicicleta, batendo todos os recordes até agora.

A ideia veio-lhe há mais de um ano. À primeira tentativa o seu esforço foi em vão: ao cabo de 72 horas caiu de cansaço, vencido pelo sono e o sol. À segunda teve êxito. Aguentou-se em cima da bicicleta, com os intervalos permitidos pelo regulamento, quase 8 dias.

O presidente do Município de Leiria declarou que isto é um facto importante não só para a cidade, mas é uma glória para Portugal.

Entrevistado, João Alves explicou que fazia isto para sair do anonimato, para combater a apagada tristeza da sua vida de bombeiro e que dedicava a sua vitória a todo o povo português.

João Alves é casado com Maria da Conceição e pai de dois filhos. A sua biografia regista uma infância difícil, seguida de atribuladas passagens por vários ofícios.
A sua mulher disse não saber que o seu marido tinha estas qualidades de resistência.
O bombeiro-ciclista aguarda agora a homologação, pelo Guinness, do seu recorde.

adaptado: O Jornal *(17. 6. 83)*

Erläuterungen **23 B**

1. Die indirekte Rede

Wie im Deutschen gibt die indirekte Rede auch im Portugiesischen die Worte eines Sprechers in einem Nebensatz wieder.

Sie weicht aber vom Deutschen ab, indem der Konjunktiv nur dann verwendet wird, wenn auch in der entsprechenden direkten Rede Konjunktiv oder Imperativ benutzt wird.

Direkte Rede:	«Vou sair», disse ela.
Indirekte Rede:	Ela disse que ia sair.
Direkte Rede:	«Preciso de férias», disse Pedro.
Indirekte Rede:	Pedro disse que precisava de férias.

2. Von direkter Rede *(DR)* zu indirekter Rede *(IR)*

DR	**IR**
Verb im Präsens	*Verb im Imperfekt*
«Sou médica», disse ela.	Ela disse que era médica.
Verb im PPS	*Verb im Plusquamperfekt*
«Fui ao cinema», ele disse.	Ele disse que tinha ido ao cinema.
Verb im Imperfekt	*Verb im Imperfekt*
«Quando era criança ia ao circo», contou ele.	Ele contou que quando era criança ia ao circo.
Verb im Futur	*Verb im Konditional*
«Iremos domingo à praia», eles perguntaram.	Eles perguntaram se iam domingo à praia.

Verb im Imperativ, Konjunktiv Präsens und Konjunktiv Futur	*Verb im Konjunktiv Imperfekt*
«Não faça isso», disse-lhe.	Disse-lhe que não fizesse aquilo.
«Quando eles vierem faremos uma festa», disse.	Disse que quando eles viessem fariam uma festa.

3. Die Demonstrativpronomen in der indirekten Rede

DR	**IR**
este, esta, isto esse, essa, isso	aquele, aquela, aquilo
«Isto é que é vida», disse ela.	Ela disse que aquilo é que era vida.

4. Bemerkung: Das Adverb **aqui** kann in der indirekten Rede durch **ali** wiedergegeben werden.

DR	**IR**
«Aqui é tudo bonito», disse José.	José disse que ali era tudo bonito.

5. Die Verwendung der Präposition *por*

– **Örtlich** steht por für *durch (einen Raum)*, *hindurch (eine Öffnung)*, *herum (in einem Raum)* und *an einem Ort vorbei.*

Ontem passámos por um parque bonito.	*Gestern sind wir durch einen schönen Park spaziert.*

– **Zeitlich** drückt por einen längeren oder ungefähren Zeitraum aus.

Estudei português por um ano.	*Ich habe ein Jahr lang Portugiesisch gelernt.*
Ele chegou pelas quatro horas.	*Er kam gegen 4 Uhr an.*

– Por steht für **pro** und **für** in Ausdrücken wie:

por pessoa	*pro Person*
por hoje	*für heute*

– Por drückt **Mittel** und **Vermittlung** aus:

por escrito	*schriftlich*
pelo correio	*mit der Post*
por terra	*zu Lande*
por mar	*zur See*

– Por bezeichnet **Grund** und **Ursache**:

por medo	*aus Angst*
por natureza	*von Natur aus*
por amizade	*aus Freundschaft*

– Por bezeichnet **Berücksichtigung**:

Por mim podes ir ao cinema.	*Von mir aus darfst du ins Kino gehen.*

– Por steht beim **Passiv** *(Urheber)*:

Ele foi vencido pelo sono.	*Er wurde vom Schlaf übermannt.*
A carta foi escrita por mim.	*Der Brief wurde von mir geschrieben.*

– Por steht in folgenden **idiomatischen Ausdrücken**:

por dia	*täglich*
por hora	*stündlich*
um por um	*einer nach dem anderen; einzeln*
pela primeira vez	*zum ersten Mal*
uma vez por mês	*einmal im Monat*
pelo que ele diz	*nach seinen Worten*
pelo que vejo	*wie ich sehe*

Übungen **23 C**

1. Geben Sie die Sätze in der indirekten Rede wieder:

«Não compreendo alemão», diz ele. «Onde há um bom hotel», perguntou o turista. «Faça o trabalho», disse-me ele. «Não vamos sair hoje», disseram os pais. «Talvez vá chover», respondeu João. «Dedico o meu êxito ao povo», declarou ele.

2. Geben Sie die Sätze in der indirekten Rede wieder:

«Esta é a cidade onde nasci» disse-me ela. «Queres esperar aqui», perguntou. «Isso não é bom», disse Paulo. «Vamos morar aqui», perguntou Maria.

3. Setzen Sie die Präposition por (pelo(s), pela(s)) ein:

Isto é tudo . . . . . hoje. Saímos hoje . . . . . primeira vez. Olhou . . . . . janela. Não fico aqui . . . . mais tempo. Vamos partir . . . . . meio-dia. Eles receberam 300 escudos . . . . . hora. Ele é bom . . . . . natureza. Faço isso . . . . . amizade.

o bombeiro	der Feuerwehrmann
citado, -a	erwähnt
ser citado	erwähnt werden
o recorde	der Rekord
a bicicleta	das Fahrrad
manter-se em cima da bicicleta	sich auf dem Fahrrad halten
bater o recorde	den Rekord brechen
a tentativa	der Versuch
à primeira tentativa	beim ersten Versuch
o esforço	die Anstrengung, Mühe
ao cabo de	nach Ablauf von
o cansaço	die Erschöpfung, Müdigkeit
cair de cansaço	vor Müdigkeit umfallen
vencido, -a	besiegt
o êxito	der Erfolg
ter êxito	Erfolg haben
aguentar	aus-, durchhalten, ertragen
o intervalo	die Pause
permitido, -a	erlaubt
o regulamento	die Regelung
o presidente	der Präsident
o município	der Gemeindebezirk
declarar	erklären, aussagen

o facto	die Tatsache, das Ereignis
importante	wichtig, bedeutend
ser importante para	wichtig sein für
não só	nicht nur
a glória	*hier:* der Ruhm, Stolz
entrevistado, -a	interviewt
o anonimato	die Anonymität
sair do anonimato	aus der Anonymität heraustreten
combater	(be)kämpfen
apagado, -a	dumpf, bescheiden, still
dedicar a	widmen
a vitória	der Sieg
o povo	das Volk
a biografia	die Biographie
registar	*hier:* feststellen
a infância	die Kindheit
seguido, -a de	gefolgt von
atribulado, -a	*hier:* sorgenvoll
a passagem	*hier:* der kurze Besuch
o ofício	das Handwerk, der Beruf
a qualidade	die Qualität, Eigenschaft
a resistência	die Widerstandskraft
o ciclista	der Radfahrer
a homologação	*hier:* die Anerkennung

24. Stunde

Apesar das grandes diferenças que existem entre Portugal e Espanha, ambos têm algo em comum: estão situados na Península Ibérica, sofreram as mesmas influências europeias e orientais e foram povoadas de maneira semelhante.

Das tribos ibéricas que invadiram a península, a que mais se caracterizou foi a tribo lusitana.

Depois dos ibéricos vieram os fenícios, os gregos, os celtas e os romanos. Estes últimos governaram na península durante 600 anos aproximadamente.

A eles se seguiram os vândalos e os ostrogodos.

Com a língua latina, trazida pelos romanos, as origens lusitanas cairam no esquecimento até ao começo do século XVI.

Decididos a impôr a sua crença ao resto do mundo, os primeiros árabes chegaram à Península Ibérica por volta de 711 d. C.

Foram precisos 7 séculos para que eles fossem definitivamente expulsos, o que aconteceu com as guerras da Reconquista.

Em Portugal reinaram 3 dinastias: Borgonha, Avis e Bragança.

Durante a regência de Afonso VI de Borgonha é que foi fundado o reino português.

Mais tarde, sob a regência de D. Dinis, o latim deixou de ser a língua oficial. Este elevou o latim vulgar, que entretanto se tinha transformado em português e era falado pelo povo, à categoria de língua oficial. O seu objectivo principal era a criação de uma cultura nacional independente. Como resultado disso foi fundada em 1288 a Universidade de Coimbra.

D. Dinis incrementou a pesca e o comércio marítimo com a Inglaterra. Foi esse monarca que mandou plantar pinhais entre os rios Mondego e Tejo, para evitar que essa área se tornasse uma região deserta. Dessas florestas é que mais tarde se retirou a madeira para a fabricação das caravelas que chegariam à Africa e ao Brasil.

No século XV Portugal iniciou as viagens de descobrimento, em busca de uma nova rota, para chegar aos países
de onde comprava especiarias. Através da descoberta e
posse de novas terras, Portugal conquistou um vasto
império colonial.

Erläuterungen

1. Das Passiv

Im Portugiesischen wird das Passiv mit dem Verb **ser** + **Partizip**
gebildet. Dabei richtet sich das Partizip nach dem jeweiligen
Subjekt. *Von* wird beim Passiv mit **por** übersetzt.

A carta foi escrita por mim.	*Der Brief wurde von mir geschrieben.*
A Universidade foi fundada 1288 por D. Dinis.	*Die Universität wurde 1288 von D. Dinis gegründet.*
Este jornal é muito lido.	*Diese Zeitung wird viel gelesen.*
O trabalho tem que ser feito.	*Die Arbeit muß gemacht werden.*
A conta tem que ser paga até ao dia 15.	*Die Rechnung muß bis zum 15. bezahlt werden.*

Bemerkung: Im Portugiesischen zieht man im allgemeinen die
aktive Form vor.

2. Die Konstruktion mit *se*

Wenn der Urheber unbestimmt ist oder nicht angegeben wird,
benutzt man die Konstruktion mit **se**. Das Verb wird in der 3. Person
Singular oder Plural verwendet und stimmt mit dem Subjekt
überein.

Vende-se uma casa.	*(Ein) Haus zu verkaufen.*
Alugam-se quartos.	*Zimmer zu vermieten.*
Vendem-se ovos frescos.	*Frische Eier zu verkaufen.*
Fala-se alemão.	*Man spricht Deutsch.*

3. Einige Verben mit zwei Partizipien

		regelmäßig	*unregelmäßig*
aceitar	*annehmen*	aceitado	aceite
acender	*anzünden*	acendido	aceso

completar	*ergänzen*	completado	completo
entregar	*abgeben*	entregado	entregue
expulsar	*vertreiben*	expulsado	expulso
imprimir	*drucken*	imprimido	impresso
isentar	*aussetzen*	isentado	isento
limpar	*reinigen*	limpado	limpo
morrer	*sterben*	morrido	morto
prender	*ergreifen*	prendido	preso

Bemerkung: Bildet man die zusammengesetzte Verbform mit **ter**, wird meistens die **regelmäßige** Partizipform verwendet.

Die **unregelmäßige** Form wird meistens mit **ser** oder **estar** verwendet.

Ela já tinha limpado a casa quando cheguei.	*Sie hatte schon das Haus geputzt, als ich ankam.*
A casa era limpa todos os dias.	*Das Haus wurde jeden Tag geputzt.*

4. Das Partizip als Adjektiv

Das Partizip dient auch als Adjektiv:

Eles estão ocupados.	*Sie sind beschäftigt.*
Todos estão convidados.	*Alle sind eingeladen.*

5. Das Zustandspassiv

Das Zustandspassiv wird mit dem Verb **estar** + **Partizip** gebildet. Das Partizip stimmt mit dem Subjekt überein.

A porta está fechada.	*Die Tür ist verschlossen.*

6. Die Ordnungszahlen

1.	primeiro, -a	12.	décimo, -a segundo, -a
2.	segundo, -a	20.	vigésimo, -a
3.	terceiro, -a	30.	trigésimo, -a
4.	quarto, -a	40.	quadragésimo, -a
5.	quinto, -a	50.	quinquagésimo, -a
6.	sexto, -a	60.	sexagésimo, -a
7.	sétimo, -a	70.	septuagésimo, -a
8.	oitavo, -a	80.	octogésimo, -a
9.	nono, -a	90.	nonagésimo, -a
10.	décimo, -a	100.	centésimo, -a
11.	décimo, -a primeiro, -a		

Bemerkungen:

Im Zusammenhang mit Papstnamen, Herrschernamen und Jahrhunderten werden die Ordnungszahlen nachgestellt.
Sie werden aber nur bis 10. gebraucht; ab 11. verwendet man die Kardinalzahlen.

No começo do século IV **(quarto)**
No fim do século XIX **(dezanove)**
D. Afonso VI **(sexto)**
Papa João Paulo II **(segundo)**
Papa João XXIII **(vinte e três)**
Moro no primeiro andar.
Trabalho no vigésimo andar.

Übungen **24 C**

1. Setzen Sie die Sätze in das Aktiv:

A carta foi escrita por mim. A porta é aberta pela Maria. Ele foi examinado pelo médico. A encomenda foi entregue pelo carteiro.

2. Bilden Sie Sätze nach folgendem Muster:

Beispiel: Fechar/portas.
As portas **estão fechadas.**

Abrir/gaveta. Convidar/amigos. Fazer/bolo. Comprar/flores.
Lavar/carro. Fechar/farmácia.

3. Setzen Sie das Verb in die richtige Form des PPS und benutzen Sie dabei die Passivform:

Beispiel: O carro (comprar) há 2 dias.
O carro **foi comprado** há 2 dias.

Ontem eu (convidar) para uma festa. Este livro (escrever) há 2 anos. O pull-over (fazer) pela Rosa em 3 dias. Ontem eu (acordar) às 6 horas.

4. Bilden Sie Sätze nach folgendem Muster:

Beispiel: Alugar/casas/praia
Alugam-se casas na praia.

Carros/vender/aqui. Daqui/ver/tudo. Alemão/falar.

Vokabeln **24 D**

a diferença	der Unterschied
existir	bestehen
algo	etwas
em comum	gemeinschaftlich
estar situado	liegen
a influência	der Einfluß
sofrer a influência	unter dem Einfluß stehen
ser povoado	bevölkert sein
a maneira	die Art und Weise
semelhante	ähnlich
a tribo	der Stamm
ibérico, -a	iberisch
invadir	einfallen, eindringen
a península	die Halbinsel
caracterizar-se	sich kennzeichnen
lusitano, -a	lusitanisch
os fenícios	die Phönizier
os gregos	die Griechen
os celtas	die Kelten
os romanos	die Römer
governar	regieren, leiten
aproximadamente	etwa, ungefähr; annähernd
os vândalos	die Vandalen
os ostrogodos	die Ostgoten
latino, -a	lateinisch
cair no esquecimento	in Vergessenheit geraten
decidido, -a	*hier:* beschlossen
impôr a	*hier:* aufzwingen
a crença	der Glaube
o resto	der Rest
a Península Ibérica	die iberische Halbinsel
definitivamente	endgültig
expulso, -a	vertrieben
a guerra	der Krieg
a Reconquista	*hier:* die Rückeroberung der besetzten Gebiete
reinar	regieren, herrschen
a dinastia	die Dynastie
a regência	die Regentschaft
fundado, -a	gegründet

o reino	das Königreich
o latim	das Latein
oficial	offiziell, amtlich
elevar	erhöhen *(fig)*; erheben
vulgar	vulgär, gewöhnlich
transformar-se	sich verwandeln, verändern
a categoria	die Kategorie
o objectivo	das Ziel
o objectivo principal	das Hauptziel
a criação	die Einrichtung, Schaffung
a cultura nacional	die Landeskultur
independente	unabhängig
o resultado	das Ergebnis
incrementar	fördern
a pesca	die Fischerei
o comércio	der Handel
o comércio marítimo	der Seehandel
a Inglaterra	England
o monarca	der Monarch
o pinhal	der Kiefernwald
a área	das Gelände, die Fläche
tornar-se	werden
a região	die Region
deserto, -a	leer, öde
a floresta	der Wald
a madeira	das Holz
a caravela	die Karavelle
a África	Afrika
o Brasil	Brasilien
o descobrimento	die Entdeckung
em busca de	auf der Suche nach
a rota	die Route
a especiaria	das Gewürz
a descoberta	die Entdeckung
a posse	der Besitz
conquistar	erobern
vasto, -a	weit, ausgedehnt, umfangreich
o império	das Reich
o império colonial	das Kolonialreich

25. Stunde

O fado

"Numa casa portuguesa fica bem,
Pão e vinho sobre a mesa.
E se à porta humildemente bate alguém
Senta-se à mesa com a gente.
. . .
É uma casa portuguesa com certeza
É com certeza uma casa portuguesa.

No conforto pobrezinho do meu lar,
Há fartura de carinho.
A cortina da janela e o luar,
Mais o sol que bate nela."

(Uma casa portuguesa)

O fado surgiu em Portugal no começo do século XIX.
Apesar dos textos serem raramente populares, o fado tem
suas raízes nas camadas mais baixas da população.

É o lado lírico da alma de um povo que sofre com o seu
destino, mas que também se resigna com ele.

É a saudade da terra que se deixou, do amor que
terminou.

Em Lisboa o fado fala da tristeza; é sentimental e
melancólico.

Já o fado de Coimbra é mais satírico, sua melodia é mais
apurada.

Para se apreciar um bom fado, convém ir a uma pequena
casa de fados, e lá deixar-se envolver pela atmosfera,
saborear um bom chouriço e talvez depois de alguns copos
cantar também:

"Ai! Lisboa como te quero!
É por ti que desespero!"

1. Der persönliche Infinitiv *(flektierte Form)*

trabalhar	beber	abrir
trabalhar	beber	abrir
trabalhares	beberes	abrires
trabalhar	beber	abrir
trabalharmos	bebermos	abrirmos
trabalharem	beberem	abrirem

Bemerkung: Der persönliche Infinitiv ist für alle Verben regelmäßig.

2. Der Gebrauch des persönlichen Infinitivs

Der persönliche Infinitiv ist eine charakteristische Verbform der portugiesischen Sprache. Im Deutschen gibt es dafür keine entsprechende Form.

Er ist notwendig:

a) nach unpersönlichen Ausdrücken wie:

basta	– *es genügt*
convém	– *es empfiehlt sich; man muß*
é bom	– *es ist gut*
é difícil	– *es ist schwer*
é melhor	– *es ist besser*
é pior	– *es ist schlimmer*
é possível	– *es ist möglich*
é provável	– *es ist wahrscheinlich*
é preciso	– *es ist notwendig*
é tempo de	– *es ist Zeit*

Basta telefonares.	*Es genügt, wenn du anrufst.*
É melhor tomarmos um táxi.	*Es ist besser, wenn wir ein Taxi nehmen.*
É tempo de irmos embora.	*Es ist Zeit, daß wir weggehen.*

b) nach präpositionalen Ausdrücken wie:

a fim de	– *damit*
além de	– *außer*
antes de	– *bevor*

apesar de	– *obwohl*
depois de	– *nachdem*
em vez de	– *anstelle von*

Antes de sairem eles fecharam a porta.	*Bevor sie weggingen, schlossen sie die Tür.*

c) wenn sich das Subjekt des Hauptsatzes von dem Subjekt des Nebensatzes unterscheidet:

Eles pediram para ficarmos.	*Sie haben uns gebeten zu bleiben.*

Bemerkung: Vergleichen Sie beide Möglichkeiten des Satzbaus:

Eles pediram para eu telefonar. ⎫ Eles pediram que eu telefonasse. ⎭	*Sie haben mich gebeten, anzurufen.*

Von den beiden Möglichkeiten (**Nebensatz- oder Infinitivkonstruktion**) wird im Portugiesischen die Konstruktion mit dem persönlichen Infinitiv bevorzugt, da sie keine umständliche Umschreibung mit **que** verlangt. Sie wird oft verwendet, um die Harmonie des Satzes zu erhalten.

Ouvi os sinos tocarem.	*Ich hörte die Glocken läuten.*
Vejo as crianças brincarem.	*Ich sehe die Kinder spielen.*
Fomos dormir por estarmos com sono.	*Wir gingen schlafen, weil wir müde waren.*
Eles parecem ser bons amigos.	*Sie scheinen gute Freunde zu sein.*

3. Die Verkleinerungsform

Die Verkleinerungsform bildet man auf **-inho, -a** und **-ito, -a**.

casa	*Haus*	ca**sinha**, ca**sita**
rapaz	*Junge*	rapa**zinho**, rapa**zito**
bonito	*hübsch*	bonit**inho**
cedo	*früh*	ced**inho**

Die Verkleinerungsform wird im Portugiesischen nicht nur verwendet, um kleine Gegenstände zu bezeichnen, sondern auch als Koseform und als Verstärkung des Adjektivs oder Adverbs.

Die Verkleinerungsform ist charakteristisch für die portugiesische Sprache. Sie wird nicht nur bei Substantiven benutzt, sondern ebenso bei Adjektiven und Adverbien.

Wenn das Wort mit zwei Vokalen oder einem Nasallaut endet, wird ihm das Suffix **-zinho, -a** hinzugefügt.

bom	*gut*	bon**zinho**
irmã	*Schwester*	irmã**zinha**
mãe	*Mutter*	mãe**zinha**
pai	*Vater*	pai**zinho**
boa	*gut*	boa**zinha**

Ele mora pertinho daqui.	*Er wohnt hier ganz in der Nähe.*
Hoje está tudo limpinho.	*Heute ist alles ganz sauber.*
É um hotel baratinho.	*Es ist ein ziemlich billiges Hotel.*

Bemerkung: Verkleinerungsformen werden im Portugiesischen zur genaueren Differenzierung des Wortgewichtes gebraucht: *z. B.* **obrigadinho** entspricht dem abgeschwächten **obrigado** *(danke)*.

4. Die Präposition *em*

Die Präposition **em** bezeichnet den Zeitraum, in dem etwas geschieht:

em 1988	*(im Jahre) 1988*
de ano em ano	*Jahr für Jahr*
numa semana	*in einer Woche*
nas férias	*in den Ferien*
em Janeiro	*im Januar*

Übungen   **25 C**

1. Setzen Sie das Verb in Klammern in die richtige Form des persönlichen Infinitivs:

Ouvi os meninos (cantar). Ela pediu para nós (ficar). Correram até se (cansar). É melhor o senhor (telefonar)-lhe. Eles viram o acidente sem (poder) ajudar. O carro parou para eu (passar). É bom tu (mudar) de ideia.

2. Setzen Sie das Verb in den Plural und führen Sie dabei die nötigen Änderungen durch:

Ela saiu sem me dizer adeus. Ela falou devagar para que ele a entendesse. Apague a luz antes de se deitar.

3. Setzen Sie die Wörter in Klammern in die Verkleinerungsform:

Ele saía (cedo) de casa e só voltava à (tarde). (Adeus), até amanhã. Eles compraram uma (casa). Eles têm uma (filha) de 5 meses. Só quero um (pouco) de chá. O (pai) vai hoje passear comigo? Um (pão), por favor. Há um (jardim) na frente da casa.

Vokabeln

25 D

o fado	das Schicksal; portugiesisches Volkslied
ficar bem	gut abschneiden; einen guten Eindruck machen
bater à porta	anklopfen
humildemente	bescheiden
sentar-se a mesa	sich an den Tisch setzen
a gente	*hier:* wir
o conforto	die Bequemlichkeit, der Komfort
o lar	das Heim
a fartura	die Sättigung, der Überfluß
o carinho	die Liebe, Liebkosung
a cortina	der Vorhang, die Gardine
o luar	das Mondlicht, der Mondschein
o sol bate	die Sonne scheint
surgir	erscheinen, auftauchen
o texto	der Text
raramente	selten
popular	volkstümlich
a raíz	die Wurzel
a camada	die Schicht
baixo, -a	niedrig
a população	die Bevölkerung
lírico, -a	lyrisch
a alma	die Seele
sofrer com	leiden unter
o destino	das Schicksal
resignar-se com	sich abfinden mit; sich ergeben in
sentimental	empfindsam, gefühlvoll
melancólico, -a	schwermütig, trübsinnig
satírico, -a	satirisch, spöttisch, beißend
a melodia	die Melodie
apurado, -a	gewählt, fein
apreciar	schätzen, würdigen, genießen
convém	es empfiehlt sich; man muß
a casa de fados	das Fadolokal
envolver-se por	hineingezogen werden *(fig.)*
saborear	kosten, genießen
o chouriço	die Hartwurst
desesperar	verzweifeln

26. Stunde

O Infante D. Henrique

Um nome importante na história da navegação portuguesa é o de D. Henrique, o Navegador.

Filho de D. João I e Dona Filipa de Lencastre, foi ele quem impulsionou as viagens de descobrimento no século XV.

Não foi só o desejo de conquistar novas terras e seus tesouros que levou D. Henrique a concretizar seus planos.

Com o bloqueio imposto pelos árabes, que tinham o monopólio do comércio das especiarias, era preciso encontrar uma nova rota que levasse às Índias, de onde vinham as especiarias, que os europeus usavam na cozinha, remédios e cosméticos.

Para poder trabalhar melhor D. Henrique estabeleceu-se em Sagres, uma cidade à beira-mar, no sul do Algarve, reunindo lá tudo de quanto se dispunha sobre cosmografia e arte de navegar.

Em Sagres fundou a primeira escola de navegação da Península Ibérica.

De Sagres partiam as caravelas para explorar a costa da África.

Como resultado dessas expedições foi descoberta em 1418 a Ilha da Madeira, da qual Portugal tomou posse e em 1432 o arquipélago dos Açores. Porém as riquezas com que D. Henrique sonhava, não vinham.

O custo das viagens era alto, o que exigia empréstimos que enfraqueciam o reino. Além disso por ser uma aventura perigosa, era difícil recrutar homens para as expedições.

Meio século se passou antes que as especiarias, vindas directamente da India, alcançassem Portugal.

Em 1460 D. Henrique morria.

D. João II prosseguiu a empresa iniciada por D. Henrique e em 1486 uma expedição já tinha alcançado o Cabo da Boa Esperança.

Agora era só questão de tempo, para os portugueses chegarem às Índias, o que aconteceu em 1498.

Este facto foi o começo de uma era de prosperidade para Portugal, que só foi interrompido em 1580 com o domínio dos "Felipes" de Espanha.

1. Das Gerundium

Es wird gebildet, indem man das **-r** der Infinitivendung durch **-ndo** ersetzt.

falar	fala**ndo**	ir	i**ndo**
beber	bebe**ndo**	pôr	po**ndo**
partir	parti**ndo**	vir	vi**ndo**
ter	te**ndo**		

2. Der Gebrauch des Gerundiums

a) Das Gerundium, das vor dem Hauptsatz steht, bezeichnet eine Handlung, die unmittelbar vor der Handlung des Hauptsatzes abläuft.

Dizendo isso, ela saiu imediatamente da sala.	*Sie sagte es und verließ sogleich das Wohnzimmer.*
Vendo a mãe, o menino correu ao encontro dela.	*Die Mutter erblickend, rannte der Junge ihr entgegen.*
Vendo o preço, ele desistiu de comprar o relógio.	*Als er den Preis sah, trat er vom Kauf der Uhr zurück.*
Chegando a casa, telefonou imediatamente para ela.	*Zu Hause angekommen, rief er sie sofort an.*

b) Das Gerundium, das nach dem Hauptsatz steht, ersetzt die Konjunktion **e** *(und)*. Die bezeichnete Handlung findet unmittelbar nach der Handlung des Hauptsatzes statt.

Apontou para a casa, dizendo que tinha morado ali.	*Er zeigte auf das Haus und sagte, daß er dort gewohnt hatte.*
Apontou para a casa e disse que tinha morado ali.	

c) Das Gerundium, das neben dem Hauptverb steht, bezeichnet im allgemeinen eine gleichzeitige Handlung. Es beschreibt die Art und Weise, wie etwas geschieht.

Ele ouvia sorrindo as histórias do avô.

Lächelnd hörte er den Geschichten des Großvaters zu.

Ela entrava em casa sempre cantando.

Sie betrat stets singend das Haus.

3. Das Relativpronomen

Veränderliche Formen:

männlich		weiblich	
Singular	Plural	Singular	Plural
o qual	os quais	a qual	as quais
welcher	*welche*	*welche*	*welche*
cujo	cujos	cuja	cujas
dessen	*deren*	*deren*	*deren*

Unveränderliche Form:

que	*der, die, das*
quem	*den, dem; wen, wem*
onde	*wo*

Bemerkungen:

a) **que** bezieht sich auf Personen und Sachen. *(s. 8. Stunde)*

b) **quem** bezieht sich auf Personen.

Podes convidar quem quiseres.

Du kannst einladen, wen du willst.

Este é o rapaz com quem vou ao cinema.

Das ist der Junge, mit dem ich ins Kino gehe.

c) **quanto** als Relativpronomen erscheint in Verbindung mit **tudo, todo(s)** und **toda(s)**.

Ela comprava tudo quanto via.

Sie kaufte alles, was sie sah.

d) **cujo(s), cuja(s)** und **o, a qual** werden in der gesprochenen Sprache kaum verwendet.

4. Verben auf *-ear*.

Die Verben auf **-ear** bekommen in den stammbetonten Formen nach dem **-e** ein zusätzliches **-i**:

137

passear	*spazierengehen, spazierenfahren*
Indikativ Präsens	**Konjunktiv Präsens**
passeio	passeie
passeias	passeies
passeia	passeie
passeamos	passeemos
passeiam	passeiem

Ebenso werden konjugiert:

recear	*befürchten*
pentear	*kämmen, frisieren*
rechear	*füllen*
semear	*säen*
presentear	*beschenken*

Übungen   **26 C**

1. Setzen Sie die Verben in Klammern in die richtige Form des Gerundiums:

Em Portugal há muitas regiões bonitas, (ser) o Algarve favorecido pelo clima. (pensar) em seu pai começou a rir. (chegar) em casa, foi imediatamente dormir. (sair) de casa, apagues a luz. Sentou-se (dizer) que estava cansada. Ouviu (chorar) que a sua mãe tinha morrido. Saiu (correr) pela praia. Entrou (gritar) em casa. Subiu (correr) as escadas.

2. Setzen Sie das Relativpronomen ein (quem, onde, quanto):

Chegámos a uma cidade . . . . . . as ruas eram muito estreitas. Nem sempre se tem tudo . . . . . . se quer. Esta é a amiga para . . . . . . comprei o livro. Visitámos a casa . . . . . . morámos há 15 anos. Perguntou-me . . . . . . vinha á festa. Ela sempre ganha tudo . . . . . . deseja.

3. Setzen Sie das Verb in Klammern in die richtige Form:

Talvez eu (passear) no próximo domingo. Eles (recear) que amanhã chova. Não quero que tu (rechear) o bolo. Eu (pentear) meus cabelos todas as manhãs. Eu (recear) que eles não venham. Eles (passear) quase todos os fins de semana.

a navegação	die Seefahrt
o navegador	der Seefahrer
impulsionar	antreiben, in Bewegung setzen
o desejo	der Wunsch, das Verlangen
conquistar	erobern
o tesouro	der Schatz
levar a	*hier:* dazu führen
concretizar	verwirklichen
o bloqueio	die Blockade
o monopólio	das Monopol
usar	anwenden, gebrauchen
a cozinha	die Küche
o cosmético	das Schönheitsmittel
estabelecer-se	sich niederlassen
a beira-mar	an der Küste, am Meer
reunir	versammeln, zusammentragen
dispor	*hier:* verfügen
a cosmografia	die Kosmographie

explorar	erforschen, erkunden
a costa	die Küste
tomar posse	in Besitz nehmen
o arquipélago	der Archipel, die Inselgruppe
a riqueza	der Reichtum
o custo	die Kosten
o empréstimo	das Darlehen
enfraquecer	schwächen
a aventura	das Abenteuer
perigoso, -a	gefährlich
recrutar	ausheben, werben
alcançar	erreichen, einholen
morrer	sterben
prosseguir	fortsetzen
iniciar	beginnen
ser questão de	*hier:* sich handeln um
a prosperidade	der Wohlstand
interromper	unterbrechen, ausschalten
o domínio	die Herrschaft, Macht

27. Stunde

Piquenique   27 A

Um piquenique é como a chuva: vai a gente muito bem na rua e bumba, desata a chover; está a gente muito bem em casa e bumba, desatam a dizer que estou amarela e daí a dois dias preparam um piquenique.

Os piqueniques fazem-se ao domingo mas começam ao sábado, porque ninguém faz piquenique sem pastéis de bacalhau e latas de sardinhas.

Logo de manhã a minha mãe vai à praça comprar meio frango e miudezas para o arroz, porque as miudezas são mais baratas.

Enquanto a minha mãe faz os pastéis de bacalhau, o meu pai vai ao café combinar com o meu primo Manel, que é o que tem o Opel, o diabo do piquenique. Ela a trabalhar e ele no café. Os pais é que sabem!

A combinação é sempre a mesma: a gente dá os petiscos e ele leva a gente no carro e paga a gasolina.

Quando o meu pai chega a casa, mete-se tudo num cesto que há lá para os piqueniques e o meu pai começa a dizer que a gente tem que se levantar cedo por causa do piquenique e bumba, vamos para a cama mesmo sem sono e com a televisão a dar coisas giras.

No domingo de manhã, quando a cama está mais quente, o meu pai acorda toda a gente por causa do tal piquenique nas matas.

No lavatório é tudo a correr, porque o meu primo diz que vem cedo para a gente ter tempo de gozar o ar das matas.

Mas como o meu primo não chega, a gente vai esperá-lo no passeio e então temos de ficar especados à espera. Só a vovó é que fica atrás da porta sentada no cesto, porque os vizinhos podem ver e parece mal uma vovó estar de pé num passeio.

Depois de meia hora chega o meu primo. Metemo-nos todos no carro: a vovó, a minha mãe, o meu pai e o cesto atrás, e eu à frente, entalada entre os meus primos que são gordos como burro.

Lá vamos nós para as tais matas!

adaptado: Redacções da Guidinha
(Edições Ática, Lisboa)

1. Der persönliche Infinitiv *(unflektierte Form)*

Die unflektierte Form des persönlichen Infinitivs wird meistens benutzt, wenn den Verben **estar, andar, ficar, viver** und **passar** die Präposition **a** folgt. In diesem Fall kann **a** + Infinitiv auch durch das Gerundium ersetzt werden.

Estou a ouvir um barulho estranho.	*Ich höre gerade ein seltsames Geräusch.*
Ele anda a escrever um livro sobre Portugal.	*Er ist gerade dabei, ein Buch über Portugal zu schreiben.*
Saímos e eles ficaram a trabalhar.	*Wir gingen, und sie blieben bei der Arbeit.*
Ela vive a falar da filha.	*Sie spricht andauernd über ihre Tochter.*

2. Verben + Infinitiv

a) Die folgenden Verben werden mit dem **Infinitiv** (unflektiert) verbunden:

conseguir	*gelingen*
Eles conseguiram terminar o trabalho.	*Es ist ihnen gelungen, die Arbeit zu beenden.*
dever	*müssen, dürfen*
Não deves fazer isso.	*Du darfst das nicht tun.*
esperar	*hoffen, erwarten*
Espero ir a Portugal nas férias.	*Ich hoffe, in den Ferien nach Portugal zu fahren.*
evitar	*vermeiden*
Evita falar sobre isso.	*Vermeide, darüber zu sprechen.*
odiar	*hassen*
Odiamos ter que nos levantar cedo.	*Wir hassen es, früh aufstehen zu müssen.*
poder	*können, dürfen*
Podes ir ao teatro hoje?	*Kannst du heute ins Theater gehen?*
preferir	*vorziehen*
Prefiro ficar em casa hoje.	*Ich ziehe es vor, heute zu Hause zu bleiben.*

pretender
Pretendo comprar um carro novo.

vorhaben, anstreben
Ich habe vor, ein neues Auto zu kaufen.

prometer
Prometi-lhe chegar cedo.

versprechen
Ich versprach ihm, früh zu kommen.

querer
Queria saber onde tu moras.

wollen, wünschen
Ich möchte wissen, wo du wohnst.

saber
Sabes dançar?

wissen, können
Kannst du tanzen?

tencionar
O que tencionas fazer amanhã à noite?

beabsichtigen, vorhaben
Was hast du morgen abend vor?

tentar
Tentei telefonar-lhe mas não estava ninguém em casa.

versuchen
Ich versuchte ihn anzurufen, es war aber niemand zu Hause.

b) Die folgenden Verben werden mit **Präposition** + **Infinitiv** verbunden.

acabar de
Acabei de traduzir o livro.

etwas fertig machen
Ich bin mit der Übersetzung des Buches fertig.

acostumar-se a
Acostumámo-nos a morar em Lisboa.

sich daran gewöhnen
Wir haben uns daran gewöhnt, in Lissabon zu wohnen.

ajudar a
Ajudámos Maria a arrumar a sala.

helfen
Wir halfen Maria, das Wohnzimmer aufzuräumen.

aprender a
Aprendi a conduzir em dois meses.

lernen
Ich habe in zwei Monaten fahren gelernt.

começar a
Começámos a trabalhar em 1980.

beginnen, anfangen
Wir fingen 1980 an zu arbeiten.

esquecer-se de
Esqueceram-se de comprar o presente.

vergessen
Sie haben vergessen, das Geschenk zu kaufen.

gostar de
Gostamos de passear aos domingos.

gern haben, mögen, gefallen
Wir gehen sonntags gern spazieren.

lembrar-se de	*sich erinnern an, denken an*
Lembre-se de apagar a luz.	*Denken Sie daran, das Licht aus-*
	zuschalten.
parar de	*aufhören*
Ele só parou de trabalhar à	*Er hörte erst um Mitternacht auf*
meia-noite.	*zu arbeiten.*
continuar a	*etwas weiter tun, fortsetzen*
Eles continuaram a falar.	*Sie haben weiter gesprochen.*
deixar de	*aufhören, aufgeben*
Ela deixou de fumar há 4 anos.	*Sie hörte vor 4 Jahren auf zu*
	rauchen.
ensinar a	*lehren, unterrichten*
Ela ensinou-me a tocar piano.	*Sie lehrte mich Klavier zu spielen.*
pedir para	*um etwas bitten*
Eles pediram-me para chegar	*Sie baten mich, früher zu kom-*
mais cedo.	*men.*

3. Verben auf -*uzir*

Die Verben auf **-uzir** haben in der 3. Person Singular Präsens Indikativ als Endung kein e.

traduzir	*übersetzen*
traduzo	traduzimos
traduzes	
traduz	traduzem

Ebenso werden konjugiert:

conduzir	*fahren, führen*
introduzir	*einführen*
produzir	*herstellen*
reduzir	*verringern*

4. *a gente*

A gente *(3. Person Sing.)* wird in der Umgangssprache oft statt **nós** *(wir, uns)* benutzt.

A gente leva-o no carro.   *Wir nehmen ihn im Auto mit.*

Übungen   **27 C**

*1. Verwenden Sie die fettgedruckten Verben zur Bildung einer Infinitivkonstruktion mit Hilfe der Präposition **a**:*

Estou trabalhando muito. Elas **vivem cantando.** Quando saímos, ele

ficou dormindo. Ficamos esperando Pedro chegar. Tu **andas comendo** demais.

2. Setzen Sie die richtige Präposition (de oder a) ein:

Tenho que acabar . . . . . fazer os pastéis. Todos começaram . . . . . falar ao mesmo tempo. Não gosto . . . . . viajar de avião. Ele deixou . . . . . ir ao trabalho, porque estava doente. Eles aprenderam . . . . . falar português. Não esqueças . . . . . mandar o telegrama. Vocês não podem continuar . . . . . ver televisão.

3. Setzen Sie die Verben in Klammern in die richtige Form (Präsens Indikativ):

Eu (conduzir) os meninos até à escola. Maria (traduzir) do alemão para o português. Esta fábrica (produzir) produtos químicos. A loja (reduzir) os preços no fim do verão. Ele (traduzir) sempre livros famosos. Eles (produzir) trigo demais.

Vokabeln **27 D**

o piquenique	das Picknick
a chuva	der Regen
bumba!	bums!, bum!
desatar a	anfangen zu
chover	regnen
daí	von da, von dort
daí a dois dias	in zwei Tagen
a manhã	der Morgen, Vormittag
logo de manhã	gleich morgens
a praça	*hier:* der Markt
o frango	das Hähnchen
a miudeza	die Kleinheit
as miudezas	*hier:* das Hühnerklein
o arroz	der Reis
combinar com	*hier:* vereinbaren, ausmachen
o primo	der Vetter
o diabo	der Teufel
o diabo do piquenique	das verdammte Picknick
a combinação	*hier:* die Abmachung
o petisco	der Leckerbissen
a gasolina	das Benzin

por causa de	wegen
a televisão	das Fernsehen
giro, -a	toll, Klasse, Spitze
uma coisa gira	eine tolle Sache
a mata	der Wald
o lavatório	das Waschbecken
gozar	sich erfreuen, genießen
o ar	die Luft
o passeio	der Bürgersteig
especado, -a	steif, unbeweglich
a vovó	die Großmutter
sentado, -a	sitzend
o vizinho	der Nachbar
parece mal	das gehört sich nicht
à frente	vorne, an der Spitze
entalado, -a	eingeklemmt
gordo, -a	dick
gordo como burro	schrecklich dick
lá vamos nós	da fahren wir
o tal, a tal	solche(r ,-s)
as tais matas	die besagten Wälder
químico, -a	chemisch

28. Stunde

Quando chegamos às matas começa a conversa "aqui não, que não há sol", "aqui não, que não há sombra", "aqui não, que não tem vista", e a gente sempre a andar a andar, até que o meu primo Manel mete o carro num sítio e diz: "é aqui mesmo, que eu estou farto".

Afinal a sítio bom era o primeiro.

Depois de terem passado o sábado a dizer que nós precisamos de sol, a primeira coisa que fazem é procurar uma sombra.

O pior é que encontram uma sombra suja de outros piqueniques, cheia de pontas de cigarro, de latas vazias e de outras coisas – sim de outras coisas que não posso dizer aqui.

Começa tudo a limpar a porcaria da sombra e quando ela está limpa, estende-se a toalha das riscas encarnadas que é maior que a sombra, de maneira que a gente senta-se à volta e bumba, fica ao sol.

A minha prima coitada é que tem azar: cai de rabo num sítio que foi mal limpo e que tem um garfo ferrugento e começa aos berros e toda a gente à volta dela: "o que te aconteceu?", "não te estás a sentir bem?". Toda a gente a falar e o garfo a espetar-se-lhe cada vez mais no cabaz. Como é que ela há-de sentir-se bem?

Quem a levanta é o meu pai e o meu primo, cada um a puxá-la por um braço. E ela a gemer baixinho, até que a minha mãe vai lá e arranca-lhe o garfo do cabaz e ela dá um berro que se ouve da outra banda.

E a vovó, que não é das mais certinhas, começa aos gritos a chamar pelos bombeiros. Mas com a vovó a chamar pelos bombeiros e a minha prima aos gritos, o tal piquenique começa a animar.

E toda a gente começa a dizer que é preciso pôr qualquer coisa na ferida do cabaz da minha prima. E a minha mãe lá lhe põe o perfuminho e ela bumba, outro berro.

Bem, enfim a gente se senta à volta do tacho do arroz, e a minha mãe começa à procura dos garfos, que ficaram em cima da mesa da cozinha. Toda a gente está danada por termos andado à procura dum sítio para o piquenique, por a minha prima ter espetado o garfo no cabaz, por não haver dinheiro, por amanhã ser dia de pagar a renda e quem paga as favas é a minha mãe por se ter esquecido dos garfos.

O pior é que um cão caiu em cima dos pastéis e agora só há arroz, que é difícil de comer sem garfos.

Enfim vão-se todos deitar a fingir que dormem, danados uns com uns outros.

O pior é que nas matas há uma coisa que se chama caruma e que pica como burro. Começam todos a coçar-se e a voltar-se dum lado para o outro, e assim ficam ainda mais danados.

O meu pai começa a dizer que são horas de irmos indo. Metemo-nos no Opel, mas como o meu primo deixou o carro em cima da areia, temos de sair outra vez para pôr pedronas e pedrinhas debaixo das rodas.

Lá entramos outra vez no carro, voltamos aos zigue-zagues, porque o meu primo bebeu demais.

Para entreter digo: "Para o ano havemos de fazer outro piquenique."

Bumba, bumba ... para aprender a estar calada.

Eu não entendo os grandes ...

Erläuterungen　　　　　　　　　　　　　　**28 B**

1. Die Verben auf -*air*

Die Verben auf **-air** werden im Präsens (Indikativ) wie folgt konjugiert:

sair	*ausgehen, weggehen*
saio	saimos
sais	
sai	saem

Ebenso:	cair	– *fallen, stürzen*
	distrair-se	– *nicht aufpassen*
	atrair	– *anziehen*

146

2. Die Verben auf *-iar*

Die meisten Verben auf **-iar** sind regelmäßig. Eine Ausnahme bilden **odiar** *(hassen)*, **ansiar** *(sich sehnen nach)*, **incendiar** *(niederbrennen, in Brand setzen)*, **remediar** *(abhelfen)* und **mediar** *(halbieren)*.

z. B.:

	odiar
odeio	odiamos
odeias	
odeia	odeiam

3. Die Interrogativpronomen

que	– *was, was für ein, welche(r, -s)*
o que	– *was*
quem	– *wer, wen, wem*
qual	– *welche, -r, -s*
quanto	– *wieviel*

Que dia é hoje?	*Welcher Tag ist heute?*
O que foi?	*Was ist los?*
Quem vem ao piquenique?	*Wer kommt zum Picknick mit?*
Qual é a sua profissão?	*Was ist Ihr Beruf?*
Quanto custa este perfume?	*Wieviel kostet dieses Parfüm?*
Quantos anos tem?	*Wie alt sind Sie?*

Übungen **28 C**

1. Setzen Sie die Verben in Klammern in die richtige Form (Präsens Indikativ):

Eu (sair) para o trabalho às sete horas. Pedrinho (distrair-se) durante a lição. Ela (atrair) a simpatia dos amigos. As folhas (cair) no outono. Tu (sair) sempre aos domingos? Não, eu só (sair) aos sábados.

2. Setzen Sie die Verben in Klammern in die richtige Form (Präsens Indikativ):

Joana (odiar) ir a piqueniques. No verão as matas (incendiar) facilmente. Eu (ansiar) pela chegada do Natal. Eles (odiar) quando chove muito.

3. Setzen Sie die Interrogativpronomen ein:

De..... é este livro?..... é que te mandou aqui?..... é o seu nome?
..... tu perguntaste?..... pessoas moram na tua casa?..... é que o
senhor quer que eu faça?

Vokabeln

a sombra	der Schatten
meter em	stecken, hineinlegen
farto, -a	satt, überdrüssig
afinal	nun, eigentlich; schließlich
o pior é que	das Dumme ist, daß
sujo, -a	schmutzig, dreckig
a ponta de cigarro	der Zigarettenstummel
limpar	saubermachen, reinigen, putzen
a porcaria	die Schweinerei, der Mist
estender	ausstrecken, ausbreiten
a toalha das riscas	die gestreifte Tischdecke
maior	größer
de maneira que	so, daß ...
a prima	die Kusine
cair de rabo	auf den Hintern fallen
o garfo	die Gabel
ferrugento, -a	rostig, verrostet
o berro	der Schrei, das Brüllen
aos berros	schreiend
o cabaz	der Korb, *hier:* der Popo
puxar por	ziehen an
gemer	stöhnen, wimmern
arrancar	wegreißen, ausreißen
dar um berro	aufschreien
não é das mais certinhas	sie spinnt ein bißchen
a banda	die Seite, das Ufer
aos gritos	schreiend
chamar por	rufen nach
animar	beleben
a ferida	die Wunde, die Verletzung
o perfume	das Parfüm, der Duft
o tacho	der Kochtopf
danado, -a	wütend; verzweifelt
a renda	*hier:* die Miete
pagar as favas	für die Sünden der anderen bezahlen
o cão	der Hund
cair	fallen, abstürzen
deitar-se	sich hinlegen
fingir	tun als ob, vortäuschen
uns com os outros	miteinander
a caruma	die Kiefernnadel
picar	stechen, picken
coçar-se	sich kratzen
voltar-se dum lado para o outro	sich umdrehen
são horas de	es ist Zeit zu
a areia	der Sand
a pedrona	großer Stein
a roda	das Rad; der Kreis
zigue-zague	Zickzack
entreter	unterhalten
calado, -a	still, schweigend
os grandes	*hier:* die Erwachsenen
a lição	der Unterricht; die Lektion
a simpatia	die Sympathie; die Zuneigung

29. Stunde

A moça ia no ônibus muito contente desta vida, mas, ao saltar, a contrariedade se anunciou:
– A sua passagem já está paga – disse o motorista.
– Paga por quem?
– Esse cavalheiro aí.
E apontou um mulato bem vestido que acabara de deixar o ônibus, e aguardava com um sorriso junto à calçada.
– É algum engano, não conheço esse homem. Faça o favor de receber.
– Mas já está paga ...
– Faça o favor de receber! – insistiu ela, estendendo o dinheiro e falando bem alto para que o homem a ouvisse: – Já disse que não conheço! Sujeito atrevido, ainda fica ali me esperando, o senhor não está vendo? Vamos, faço questão que o senhor receba minha passagem.
O motorista ergueu os ombros e acabou recebendo: melhor para ele, ganhava duas vezes.
A moça saltou do ônibus e passou fuzilando de indignação pelo homem. Se olhasse, veria que ele a seguia, meio ressabiado, a alguns passos. Somente quando dobrou à direita para entrar no edifício onde morava, arriscou uma espiada: lá vinha ele! Correu para o apartamento, que era no térreo, pôs-se a bater, aflita:
– Abre! Abre aí!
A empregada veio abrir e ela irrompeu pela sala, contando aos pais atônitos, em termos confusos, a sua aventura:
– Descarado, como é que tem coragem? Me seguiu até aqui!
De súbito, ao voltar-se, viu pela porta aberta que o homem ainda estava lá fora, no saguão. Protegida pela presença dos pais, ousou enfrentá-lo:
– Olha ele ali! É ele, venham ver! Ainda está ali, o sem-vergonha. Mas que ousadia!
Todos se precipitaram para a porta. A empregada levou as mãos à cabeça:
– Mas senhora, como é que pode! É o Marcelo!

– Marcelo? Que Marcelo – a moça se voltou, surpreendida.

– Marcelo, o meu noivo. A senhora conhece ele, foi quem pintou o apartamento.

A moça só faltou morrer de vergonha:

– É mesmo, é o Marcelo! Como é que eu não reconheci! Você me desculpe, Marcelo, por favor.

No saguão, Marcelo torcia as mãos, encabulado:

– A senhora é que me desculpe, foi muita ousadia ...

Fernando Sabino: Crônicas
vol. 2

Erläuterungen   **29 B**

Das Portugiesische in Brasilien

1. *Grammatikalische Unterschiede*

a) **Gebrauch der Pronomen**

– In Brasilien steht das Personalpronomen grundsätzlich vor dem Verb. Der Bindestrich entfällt.

A moça se voltou. *statt*: A moça voltou-se.

– Nach einem unbestimmten Pronomen dagegen wird es meistens dem Verb nachgestellt.

Alguém queria vê-lo.

– Die pronominalen Verschmelzungsformen **mo, to** *usw.* sind in Brasilien nicht gebräuchlich.

– Die Nominativformen **ele(s)** und **ela(s)** werden in der Umgangssprache auch als Akkusativ oder Dativ verwendet.

A senhora conhece ele. *statt*: A senhora o conhece.

– Das Possessivpronomen **vosso** wird in Brasilien kaum gebraucht.

b) **Die Formen der Anrede**

Im allgemeinen wird für die höfliche Anrede **o senhor** (oder **seu**) und **dona** vor dem Vornamen verwendet.

Für Bekannte und Freunde wird **você** *(3. Person Singular)* gebraucht, das in Portugal eine höfliche Anrede ist.

Pedro, você quer ir ao teatro comigo?

c) Das Gerundium

Die portugiesische Form **estar a** + Infinitiv ist in Brasilien nicht sehr üblich. Statt dessen bevorzugt man **estar** + Gerundium, um eine im Augenblick ausgeübte Tätigkeit zu bezeichnen.

O senhor não está vendo? *statt* O senhor não está a ver?

2. Wortschatz

Die besondere Bevölkerungszusammensetzung Brasiliens und die geographische Trennung von Portugal haben dazu geführt, daß der brasilianische Wortschatz viele Wörter besitzt, die vom europäischen Portugiesisch abweichen.

Einige Beispiele:

Brasilien		**Portugal**
o bonde	*die Straßenbahn*	o eléctrico
o ônibus	*der Omnibus*	o autocarro
o trem	*der Zug*	o combóio
a passagem	*die Fahrkarte*	o bilhete
a moça	*das Mädchen*	a rapariga
o café da manhã	*das Frühstück*	o pequeno-almoço
o banheiro	*das Badezimmer*	a casa de banho
o açougue	*die Fleischerei*	o talho
a xícara	*die Tasse*	a chávena
o térreo	*das Erdgeschoß*	o rés-do-chão
a calçada	*der Bürgersteig*	o passeio

Vokabeln

a ousadia	die Kühnheit, das Wagnis	**apontar**	zeigen, hinweisen auf
a moça *(bras.)*	das Mädchen	**o mulato**	der Mulatte
o ônibus *(bras.)*	der Bus	**bem vestido**	gut gekleidet
contente	zufrieden	**aguardar**	erwarten, warten, abwarten
contente da vida	mit dem Leben zufrieden	**o sorriso**	das Lächeln
saltar	*hier:* aussteigen	**a calçada** *(bras.)*	der Bürgersteig
a contrariedade	die Unannehmlichkeit	**receber**	*hier:* annehmen, erhalten
anunciar-se	ankündigen, verkündigen	**insistir**	drängen; bestehen auf
a passagem *(bras.)*	die Fahrkarte	**bem alto**	*hier:* sehr laut
o motorista	*hier:* der Busfahrer	**o sujeito**	der Mensch, der Mann
o cavalheiro	der Herr		
aí	da *(adv.)*	**atrevido, -a**	unverschämt, dreist

fazer questão	Wert legen auf
erguer	erheben
o ombro	die Schulter
acabou recebendo	er hat endlich an-genommen
fuzilando	*hier:* wütend
de indignação	aus Zorn
foi seguindo pela rua	er, sie ging die Straße entlang
meio	*hier:* ein bißchen
ressabiado, -a	unsicher, scheu *(fig.)*
o passo	der Schritt
a alguns passos	einige Schritte zu-rück
dobrar à direita	rechts abbiegen
arriscar	wagen
uma espiada *(bras.)*	ein flüchtiger Blick
o térreo *(bras.)*	das Erdgeschoß
pôr-se a	beginnen zu
aflito, -a	angstvoll; aufgeregt
a empregada	das Dienstmädchen
irromper	plötzlich auftreten; hereinplatzen
a sala	das Wohnzimmer
atônito, -a	verblüfft, sprachlos
confuso, -a	verwirrt
em termos confusos	in einer verwirrten Art und Weise

descarado, -a	unverschämt
de súbito	plötzlich
o saguão	*hier:* der Eingang
protegido, -a	beschützt, begün-stigt
a presença	die Anwesenheit
ousar	wagen
enfrentar	entgegentreten; sich messen
sem-vergonha	unverschämt
precipitar-se	überstürzen, über-eilen
levar as mãos à cabeça	die Hände über dem Kopf zusam-menschlagen
surpreendido, -a	überrascht
o noivo	der Verlobte, der Bräutigam
pintar	malen, anstreichen
o apartamento	das Appartement, die Wohnung
só faltou + *Infinitiv*	beinahe
a vergonha	die Scham
morrer de vergonha	vor Scham im Bo-den versinken
reconhecer	erkennen
torcer as mãos	die Hände ringen
encabulado, -a *(bras.)*	verlegen

30. Stunde

Começo da espera

30 A

A vida havia mudado. Mário Júlio não era mais o adolescente, que ainda precisasse de sua vigilância, e sim um homem, com as suas vontades, sem querer que ninguém o conduzisse. E quando se trancou no banheiro, olhou no espelho os seus olhos molhados, enquanto deixava escorrer o fio de água da torneira:

– A vida é assim. Sempre foi assim. Eu, que sou mulher, e também filha única, deixei meu pai, deixei minha mãe para seguir o marido, noutra casa, noutro meio, para viver outra vida. Por que havia de ser diferente, no caso do Mário Júlio?

Já era tempo de preparar-se para o vazio de sua solidão, quando o filho a deixasse. Voltaria à aula de ioga. Ao curso de inglês. Às conferências do Grêmio. Ao banho de mar. Às caminhadas pela orla da praia. E essa antevisão ativa de si mesma fez que ela esticasse os braços, espreguiçando-se, enquanto olhava o jornal sobre o tapete, junto da porta.
...

Antes de atravessar o vestíbulo, apanhou do chão o jornal, sem reparar na manchete que lhe tomava o alto da primeira página, em letras enormes. Por um momento, puxando a pesada cortina da varanda, estendeu a vista sobre a rua, para olhar a esquina deserta, ao pé da ladeira, no limite do parque orvalhado, com a esperança de ver o Mário Júlio aparecer de repente, na sua moto veloz, galgando o aclive que vinha dar no edifício.

Josué Montello: Uma varanda sobre o silêncio
(Editora Nova Fronteira, Rio de Janeiro)

Erläuterungen **30 B**

Das Portugiesische in Brasilien

1. Die Aussprache

a) Grundsätzlich ist der Unterschied zwischen betonter und unbetonter Silbe gering, da die unbetonten Vokale in Brasilien klarer gesprochen werden als in Portugal.

b) Unbetontes o im Inlaut wird meistens als [o] ausgesprochen statt als [u] wie in Portugal.

    z. B. conhecer [koɲə'ser]

c) Unbetontes e im **Inlaut** wird als [e] ausgesprochen und im **Auslaut** als [i] statt als [ə] wie in Portugal.

    z. B. receber [ʀese'βer]
           dente ['dẽti]

d) Der Diphthong **ei** wird als [ej] oder als [e] ausgesprochen statt [ei].

    z. B. primeiro [pri'mero]
           leite ['lejti]

e) l wird im **Auslaut** als schwaches [u] ausgesprochen statt als [l].

    z. B. hospital [ospi'tau]

f) e, o und a werden **vor m** und **n** geschlossen statt offen ausgesprochen.

    z. B. antônimo   *statt*   antónimo
             prêmio   prémio

2. Die Schreibung

Ein **c, p** oder **t vor c** oder **ç** werden in Brasilien nur dann geschrieben, wenn sie auch mit ausgesprochen werden.

z. B.	**Brasilien**	**Portugal**	
	batizado	baptizado	*Kindtaufe*
	ótimo	óptimo	*vortrefflich*
	Egito	Egipto	*Ägypten*
	fato	facto	*Tatsache*
	ativo	activo	*aktiv*

Vokabeln   **30 D**

a espera	das Warten
o adolescente	der Jugendliche
a vigilância	die Wachsamkeit, die Fürsorge
trancar-se	sich einsperren
o banheiro *(bras.)*	das Badezimmer
o espelho	der Spiegel
molhado, -a	naß
escorrer	austropfen; ausfließen
o fio de água	das Rinnsal; die Strömung
a torneira	der Wasserhahn
filha única	einzige Tochter, Einzelkind
no caso de	im Fall von
ser tempo de	Zeit sein zu
o vazio	die Leere
a solidão	die Einsamkeit, Einöde
a aula	die Lehrstunde
a ioga	der Joga
a conferência	der Vortrag, die Tagung
o grêmio	der Verein
a caminhada	die Wanderung
a orla da praia	der Strandweg
a antevisão	die Vorschau

ativo, -a	tätig, aktiv, wirksam
esticar	strecken, spannen, straffen
espreguiçar-se	sich ausstrecken
o tapete	der Teppich
junto de	neben; daneben liegend
atravessar	*hier:* durchqueren
o vestíbulo	die Diele, die Vorhalle
apanhar	fassen, aufheben
o chão	der Boden
reparar	(be)merken, achten auf
a manchete *(bras.)*	die Schlagzeile
a letra	der Buchstabe
enorme	riesig, sehr groß
pesado, -a	schwer, lästig
estender a vista	blicken
a ladeira	der Berghang
o limite	*hier:* die Grenze
orvalhado, -a	von Tau bedeckt
a moto	das Motorrad
veloz	schnell, rasch
galgar	hinauflaufen
o aclive	der Hang

Schlüssel zu den Übungen

1C

1. Ingrid fala, estuda; ela gosta; os amigos falam; chama-se; moram; não trabalha. 2. Qual é; tu és; vocês são; os senhores são; eles são; a senhora é; a cidade é. 3. eu trabalho; tu és; sou; nós gostamos; ela é; os senhores falam; vocês são. 4. a casa; a nacionalidade; o português; a cidade; o dia, a escola; o professor; a mulher.

2C

1. mora, está; funciona, está; está. 2. no escritório; em Coimbra; na gaveta; no armário; na mesa; em Barcelos; na escola. 3. do centro; do carro; de casa; da cidade, dos amigos; de Lisboa; de dinheiro. 4. Eles têm; não temos; ele tem; eu tenho; vocês têm; temos; eles têm. 5. uma casa; uma escola; uma rua; um armário; uma gaveta; uma mesa; um carro; um documento. 6. Não, não funcionam. Não, não falo alemão. Não, não estou com pressa. Não, não está frio. Não, não está no porta-moedas.

3C

1. Eu vou ao hotel. Nós vamos ao banco. João vai à estação. Eles vão à cidade hoje. Vocês vão à escola amanhã. Tu vais ao teatro à noite. Eu vou à oficina amanhã. O senhor vai ao museu hoje. 2. do autocarro; de eléctrico; de avião, a Portugal; de Portugal; de D. Teresa; ao banco, ao correio, ao médico; à esquerda; de água. 3. do senhor Pereira, na estação de serviço, de eléctrico, ao escritório; do autocarro, na esquina; à noite, ao concerto, de táxi; na rua Augusta.

4C

1. António come; Tomás e Chico bebem; eu escrevo; Pedro vende; eles recebem; nós conhecemos; tu recebes; elas não comem; eu não conheço. 2. numa casa; num bom restaurante; numa estação de serviço; num hotel; num banco; numa cidade. 3. dum sobretudo; duns amigos; duma estação de serviço; dum táxi; dumas malas.

5C

1. dois; oito; dezasseis; dezassete; cinquenta e seis; setenta e nove; cento e trinta e um; cento e noventa e nove; quatrocentos; quinhentos; seiscentos; oitocentos; novecentos e treze; mil e cinquenta; sessenta e seis. 2. Ontem eu não trabalhei. Levantei-me mais tarde e tomei o pequeno almoço com calma. Depois escrevi duas cartas. Tomei o autocarro, desci no centro e comprei selos no correio. Precisei também de despachar uma encomenda. Preenchi um formulário e o empregado pesou a encomenda. Eu paguei e recebi um recibo. 3. compraram; escrevo; tomaram, desceram; compra; recebi; está, toma.

6C

1. São dez e meia. É meio-dia. É meio-dia e um quarto. É uma hora. É meio-dia menos um quarto. São onze menos vinte. É meia-noite. São sete menos vinte e cinco. 2. Não, não é a minha casa. Não, não é o meu carro. Não, não é a minha mala. Não, não é a carta dele. Não, não é a vossa chave. Não, não são os amigos dela. 3. os livros dele; os nossos livros; Os amigos dela; o teu carro; a casa dele; o vosso relógio; a minha família; a amiga dele. 4. posso, tenho; queres, podes, tens; tem, quer; quer, pode, tem; posso, tenho; querem, podem. 5. pode; quis, quis.

7C

1. Segunda-feira leu um anúncio no jornal. Terça-feira respondeu ao anúncio. Quarta-feira marcou uma entrevista. Quinta-feira estudou alemão. Sexta-feira telefonou a amigos. Sábado almoçou com amigos. Domingo foi ao cinema.   2. em 25 de Março de 1982; 29 de Novembro de 1986; em 15 de Julho; 10 de Maio.   3. alemã; portuguesa; as amigas; a nossa professora; a minha irmã; fácil; bonita.   4. admite; exige; parte; sai; prefere; sirvo; visto.   5. admitiu; exigiu; partiu; saiu; preferiu; servi; vesti.   6. da língua alemã; uma carta detalhada; um anúncio interessante; uma lição fácil; barato e limpo.

8C

1. Ontem ela foi ao aeroporto. A viagem foi longa. Ela foi secretária nesta firma. Ontem à tarde elas foram à Praça. Na semana passada elas foram para o Brasil. Ontem nós fomos ao cinema. Nós fomos professores.   2. Elas lêem os jornais. Os turistas gostaram das cidades. Os moradores do bairro (dos bairros) têm jardins bonitos. Elas comem pastéis. As viagens são cansativas. As construções das cidades são antigas. As lições são fáceis. Os pintores são espanhóis. Eles compram pães. Os hotéis são confortáveis. Os aviões partem às 11.00 horas.   3. melhor; maior; pior; mais estreita (do) que.   4. vão; andam, vão; andar; vai.

9C

1. Sim, escreveu-lhes. Sim, mostrou-lhe. Sim, telefonou-lhe. Sim, recomendou-lhe. Sim, trouxe-lhes.   2. escreveu-me; convidou-te; comprou-o; mostrou-nos; trouxe-lhes; te visitam.   3. nenhum; alguém; ninguém; alguns; Alguém; alguns; nenhuma.

10C

1. põe; venho; põem; dão; dá-me; ponho; vêm; venho, venho; põe; vens; pede-me; peço.   2. por mim; comigo; dele; em ti; connosco; com ele; contigo; para si.   3. Primeiro, mercearia, lata, litro; Depois, padaria, comprar, talho; Mal, falta; mercado, dúzia, quilo.

11C

1. Júlia sente-se bem hoje de manhã. Eu levantei-me mal ontem. Nós vestímo-nos rapidamente hoje de manhã. Vocês levantam-se devagar.   2. Júlia sente-se mal. Ontem ela esteve com dores de cabeça. Agora ela está com tosse. O médico disse que a sua garganta está inflamada. Ela também está sempre com frio.   3. Para mim; até o centro; até ás 11.00; para a semana; ao Porto; para lhe; para as dores de cabeça.

12C

1. comprava; bebia; estudávamos; vendiam; entendia; eram, podiam; éramos; lia; abriam; tinham, andavam.   2. almoçava, tocou; escrevia, chegaram; partia, chegaram; acabava, chegámos; visitávamos, conhecemos.   3. primavera; verão; outono; inverno.   4.veio; vinha; veio; venho; viemos; vinha.

13C

1. dormíamos, trabalhavam; lia, preparava; cortavam, faziam; dormiam, ouvíamos.   2. chegámos, estava; fazia; Era, voltámos; estava, começou; lia, chegou.   3. Finalmente; lentamente; rapidamente; realmente.   4. Elas olhavam os vestidos expostos na montra. A calça e a blusa eram azuis. Este pull-over é verde. Depois das compras elas estavam cansadas. Estes cigarros são bons.

14C

1. tenho estudado; temos ido; tem visto; temos ido; tem sentido; Tem chovido; tem estado; tem feito; temos ido; têm descansado.   2. Venderam-no, sim. Encontraram-na, sim. Vai levá-los, sim. Vamos vê-la, sim. Vamos fazê-lo, sim. Receberam-na, sim.   3. Nós não queremos nem chá nem café. Nós não gostamos nem de doces nem de frutas. Eu não quero um hotel nem caro nem luxuoso. Eu não falo nem inglês nem alemão.   4. Há; desde; há; Desde.

15C

1. fecha; comam; bebas; Venham; Façam; Traga; Leve; Ponha; entrem.   2. Não, mas aquela é. Não, mas aquela é. Não, mas aquele dá. Não, mas aquelas são. 3. O que é isto? Este ano vou a Portugal. Este domingo fico em casa. Aquela é a minha bagagem.   4. todas as línguas; toda a cidade; todos os meus amigos; Toda a gente; Todos os anos; Todos os dias; tudo.   5. passar, feriados; reservaram, preços; deixaram; preencher, assinar; mostrar; elevador, levou.

17C

1. Não, mas ainda hei-de a levar. Não, mas ainda hão-de o deixar. Não, mas ainda há-de me contar. Não, mas ainda hão-de os avisar.   2. faz; faz; fez; fazes; faz-me; faz; fez; faziam; tens feito.   3. Ela mesma; no mesmo dia; a mesma revista; no mesmo avião; agora mesmo.   4. Comprou-mos ontem. Mandou-mo ontem. Trouxe-mas ontem. Contou-ma ontem.

18C

1. tinha começado; tinha saído; tinha partido; tinhas saído.   2. tinham trabalhado; tinha sentido; tinham ganho; tinha feito; tinha pago.

19C

1. percamos; conduzas; venham; façam; traga; tenha; possam; encontre; chova.   2. Talvez ele conduza devagar. Talvez ele chegue mais cedo. Talvez ele coma menos. Talvez ele vá de avião. Talvez ele não venha nas férias. Talvez ele estude mais.   3. Eu proibo que vocês cheguem tarde demais. Ele espera que nós cheguemos cedo. Nós preferimos que ela parta amanhã. Eles duvidam que ela nos espere.

20C

1. antes que; Mesmo que; a não ser que; para que; para que; até que.   2. respondas; telefone; cheguem; ponhas; fumemos; convidem; prefiras; chova; espere.   3. seja; tenha; sejas; haja; vá; seja.

21C

1. Talvez ele viesse. Esperei até que ele chegasse. Quis que vocês me telefonassem. Talvez eles estivessem doentes. Talvez pudéssemos sair. Lamentei que estivesses com pressa.   2. poderia; iria; gostaria; poderia.   3. Eu ficaria (ficava) contente, se recebesse uma carta. Eu deixaria (deixava) de trabalhar, se ganhasse na lotaria. Eu não faria (fazia) isso, se fosse tu. Eu iria (ia) a Portugal, se pudesse. Eu viajaria (viajava) mais, se tivesse tempo. Eu iria (ia) à praia, se não estivesse a chover. Eu trabalharia (trabalhava) mais, se pudesse. Eu ficaria (ficava) contente, se ele estivesse aqui.   4. ficássemos; tivesse; dormisse; deixasses.

22C

1. sairmos; tiver; for; for; souber; estiver; fizer.   2. acontecer; custar; chegar; vier; quiseres; quisermos.   3. ao meio-dia; todo o dia; em minha casa; -; Na; -; Todos os três; a Manuela; da Inglaterra, do Brasil.

23C

1. Ele disse que não compreendia alemão. O turista perguntou onde havia um bom hotel. Ele disse-me que fizesse o trabalho. Os pais disseram que não iam sair hoje. João respondeu que talvez chovesse. Ele declarou que dedicava o seu êxito ao povo.   2. Ela disse-me que aquela era a cidade onde tinha nascido. Perguntou se eu queria esperar ali. Paulo disse que aquilo não era bom. Maria perguntou se iríamos morar ali.   3. por hoje; pela primeira vez; pela janela; por mais tempo; pelo meio-dia; por hora; por natureza; por amizade.

24C

1. Eu escrevi a carta. Maria abre a porta. O médico examinou-o. O carteiro entregou a encomenda.   2. A gaveta está aberta. Os amigos estão convidados. O bolo está feito. As flores estão compradas. O carro está lavado. A farmácia está fechada.   3. eu fui convidado (convidada); este livro foi escrito; O pull-over foi feito; eu fui acordado (acordada).   4. Vendem-se carros aqui. Daqui vê-se tudo. Fala-se alemão.

25C

1. cantarem; ficarmos; cansar; telefonar-lhe; poder; passar; mudares.   2. Elas saíram sem me dizer adeus. Elas falaram devagar para que eles a entendessem. Apaguem a luz antes de se deitarem.   3. cedinho, tardinha; Adeusinho; casinha; filhinha; pouquinho; paizinho; pãozinho; jardinzinho.

26C

1. sendo; Pensando; Chegando; Saindo; dizendo; chorando; correndo.   2. onde; quanto; quem; onde; quem; quanto.   3. passeie; receiam; recheies; penteio; receio; passeiam.

27C

1. Estou a trabalhar muito. Elas vivem a cantar. Quando saímos, ele ficou a dormir. Ficamos a esperar Pedro chegar. Tu andas a comer demais.   2. acabar de; começaram a; gosto de; deixou de; aprenderam a; esqueças de; continuar a.   3. conduzo; traduz; produz; reduz; traduz; produzem.

28C

1. saio; distrai-se; atrai; caem; sais; saio.   2. odeia; incendeiam; anseio; odeiam.   3. quem; Quem; Qual; O que; Quantas; O que.

Sachregister

Die Zahlen beziehen sich auf die Seiten